DA INUTILIDADE DAS DISCUSSÕES

Dados Internacionais de Catalogação na Publicação (CIP)
(Câmara Brasileira do Livro, SP, Brasil)

Rodrigues, Aroldo
  Da inutilidade das discussões : uma análise psicológica da polarização no mundo atual / Aroldo Rodrigues. – 1. ed. – Petrópolis, RJ : Editora Vozes, 2021.

  Bibliografia.
  ISBN 978-65-5713-011-7
  1. Comportamento (Psicologia)
2. Psicologia 3. Psicologia social I. Título.

20-53511   CDD-302

Índices para catálogo sistemático:
1. Psicologia social : Sociologia   302

Aline Graziele Benitez – Bibliotecária – CRB-1/3129

AROLDO RODRIGUES

DA INUTILIDADE DAS DISCUSSÕES

Uma análise psicológica da polarização no mundo atual

EDITORA VOZES

Petrópolis

© 2021, Editora Vozes Ltda.
Rua Frei Luís, 100
25689-900 Petrópolis, RJ
www.vozes.com.br
Brasil

Todos os direitos reservados. Nenhuma parte desta obra poderá ser reproduzida ou transmitida por qualquer forma e/ou quaisquer meios (eletrônico ou mecânico, incluindo fotocópia e gravação) ou arquivada em qualquer sistema ou banco de dados sem permissão escrita da editora.

CONSELHO EDITORIAL

Diretor
Gilberto Gonçalves Garcia

Editores
Aline dos Santos Carneiro
Edrian Josué Pasini
Marilac Loraine Oleniki
Welder Lancieri Marchini

Conselheiros
Francisco Morás
Ludovico Garmus
Teobaldo Heidemann
Volney J. Berkenbrock

Secretário executivo
João Batista Kreuch

Editoração: Leonardo A.R.T. dos Santos
Diagramação: Sheilandre Desenv. Gráfico
Revisão gráfica: Nilton Braz da Rocha
Capa: Rafael Nicolaevsky

ISBN 978-65-5713-011-7

Editado conforme o novo acordo ortográfico.

Este livro foi composto e impresso pela Editora Vozes Ltda.

Sumário

Prefácio, 7

Agradecimentos, 11

Introdução, 15

1 Da inutilidade das discussões, 25

2 Obstáculos psicológicos à utilidade das discussões, 40

    2.1 A incoerência incomoda, 41

    2.2 A busca de harmonia, 53

    2.3 O eu totalitário, 59

    2.4 A complexidade da realidade social, 64

    2.5 A tendência à confirmação de julgamento, 72

    2.6 A tendência a enganar a nós mesmos, 76

    2.7 As falhas de nossa memória, 79

    2.8 A reação à tentativa de persuasão, 82

    2.9 A tendência a não reconhecer que erramos, 88

2.10 Distorções decorrentes de estereótipos e preconceitos, 96

2.11 Conclusão, 100

3 O desrespeito aos fatos, 102

3.1 *Fake news*, 108

3.2 O ataque à verdade, 116

3.3 Desrespeito aos fatos em função de alto envolvimento do eu nas discussões, 126

a) Política, 126

b) Relações internacionais, 131

c) Religião, 135

d) Preconceito, 137

3.4 Conclusão, 140

4 A radicalização ofusca a racionalidade, 142

4.1 A ameaça às democracias, 144

4.2 A radicalização nas discussões suscitadas pela pandemia da Covid-19, 148

4.3 Conclusão, 153

5 As discussões são sempre inúteis?, 155

5.1 Uma palavra final, 160

Posfácio, 163

Apêndice – Prova empírica (fictícia) da inutilidade das discussões, 169

Referências, 179

Prefácio

A motivação para escrever este livro decorreu da realidade social do momento histórico que vivemos. Durante meus 87 anos de vida não me lembro de ter presenciado um mundo tão fortemente polarizado. A maioria das pessoas vê o mundo dividido em dois campos opostos: o das pessoas que concordam com elas e o das que discordam delas. A consequência natural dessa realidade é, necessariamente, o clima de antagonismo, de discórdia, de extremismo, de discussões intermináveis (claramente manifestado e difundido nas redes sociais) e cada vez mais dominante na imprensa e na televisão. Outro efeito nefasto dessa realidade é que o ardor, o empenho e a necessidade de fazermos prevalecer nossos pontos de vista para proteger nossa autoestima e defender os que pensam como nós nos leva, com frequência, a distorcer os fatos, a veicular *fake news*, a acreditar em *teorias conspiratórias* e a negar a existência de uma realidade objetiva. Lamentavelmente, esse estado de coisas tem sido responsável por rupturas nas relações interpessoais, suscitando discórdias entre familiares e amigos, muitas delas irreparáveis.

Dediquei minha vida profissional ao estudo, à pesquisa e ao ensino de um setor da psicologia: o da *psicologia social*. A psicologia social nos ensina que nosso comportamento social é fortemente influenciado pelo ambiente em que estamos inseridos. Além disso, ela nos mostra que, para proteger nossa autoestima quando interagimos com outras pessoas, nós nos enganamos a nós mesmos (Triandis [*1]), criamos nossa própria realidade e não admitimos que possamos estar errados (o *realismo ingênuo* de que nos falam Pronin, Lin & Ross[2]). O conhecimento acumulado pela psicologia social é capaz de esclarecer as tendências, os vieses psicológicos que, quando não conhecidos e controlados por um desejo sincero de sermos intelectualmente honestos, facilitam e favorecem a intolerância aos pontos de vista opostos ao nosso, alimentam as discussões acirradas e dificultam a convivência civilizada e respeitosa entre pessoas que pensam de forma diferente. A capacidade e

---

* Os números alceados indicam as referências ao final desta obra, p. 179.

o empenho em "desagradar (discordando) sem ser desagradável" parecem algo em extinção no mundo atual.

Este livro tem por objetivo familiarizar o leitor com certos conhecimentos psicológicos capazes de nos ajudar a vermos as coisas como elas são e não como nós somos. Em 1969, George Miller[3], em seu discurso presidencial para a Associação Americana de Psicologia, recomendou aos psicólogos que se esforçassem por difundir conhecimentos psicológicos entre os leigos. Este livro acata a sugestão de Miller e procura difundir, em linguagem acessível, alguns conhecimentos psicológicos que poderão ser úteis às pessoas para enfrentar o ambiente polarizado do mundo de hoje. A esperança do autor é que os conhecimentos aqui transmitidos ajudarão os leitores a privilegiar a honestidade intelectual quando diante de pessoas com pontos de vista opostos aos seus. Só assim será possível desintoxicar o clima de acentuada polarização, de tribalismo e de intolerância que nos assola atualmente.

Agradecimentos

Impossível nomear todas as pessoas que, por meio de seus ensinamentos durante minha formação acadêmica e em minha atividade profissional, me permitiram escrever este livro. Os professores Hanns L. Lippmann e Pe. Antonius Benkö na PUC-Rio, Fritz Heider na Universidade de Kansas e Harold H. Kelley e Bertram H. Raven na Universidade da Califórnia, Los Angeles (Ucla) me ensinaram e me inspiraram de forma difícil de ser superestimada. Em minha vida profissional, tive o privilégio de interagir e aprender com expoentes notáveis da psicologia social. Impossível deixar de mencionar (em ordem alfabética), Elliot Aronson, Len Berkowitz, Mort Deutsch, Hal Gerard, Bob Levine, Ted Newcomb, Al Pepitone, Harry Triandis, Jacobo Varela, Bernie Weiner, Bob Zajonc e Phil Zimbardo. Muito aprendi também com meus alunos no Brasil (PUC-Rio, FGV e UFRJ), muitos dos quais se tornaram profissionais de destaque na psicologia brasileira, e com os que frequentaram minhas aulas, durante 20 anos, na California State University, em Fresno. A todos sou imensamente grato por terem me ajudado a aprender o que aprendi como estudante e, depois, por exigir meu empenho como professor. Sem eles, dificilmente conseguiria escrever este livro.

Além das pessoas que influenciaram minha formação e meu desempenho profissional, foram determinantes para que este livro viesse a lume a Editora Vozes e a minha família. A Editora Vozes e eu fomos parceiros na publicação de quatro livros, entre eles o *Psicologia Social*, meu primeiro livro, lançado por essa Editora em fevereiro de 1972. Sua última edição de 2012 continua sendo escolhida até hoje por professores de Psicologia Social e ajudando na formação de milhares de alunos. Para mim é um prazer ter a Editora Vozes como parceira em meu *primeiro* e em meu *último* livro, pois com este encerro minha carreira de escritor. Finalmente, um agradecimento especial à minha família. Eu e Anna Maria tivemos seis filhos (Lupe, Glória, Kina, Jão, Duca e Annalu), oito netos (Duda, Manu, Ravi, Diego, Jairam, João Vítor, Isabel e Mateus) e, até agora, uma bisneta (Sophia). E mais os "agregados" (Flávio, Mônica, Ram, Paulo, Ana Paula e Thomaz). Apesar de todos terem sido muito importantes para que esta obra viesse a público, não posso deixar de singularizar a contribuição de Lupe, minha filha mais velha, cuja inteligência me iluminou quando necessário e cujo constante incentivo me amparou nos momentos mais difíceis. Com muita gratidão, dedico este livro a toda a minha família.

Introdução

*Extremismos à direita ou à
esquerda de qualquer debate
político estão sempre errados.*
Dwight D. Eisenhower

O século XXI nos revela um mundo fortemente polarizado. Enquanto as antigas discórdias relativas a temas políticos, religiosos, éticos e econômicos, entre outros, continuam, surgem outras novas, sendo o debate sobre globalização *versus* isolacionismo, o papel do comportamento humano na preservação ou destruição da natureza e as atitudes opostas em relação a imigrantes e refugiados apenas alguns exemplos. A facilidade e a rapidez da comunicação pelas redes sociais intensificaram o debate sobre temas polêmicos resultando em maior polarização e maior deterioração das relações interpessoais saudáveis, além de contribuir para a corrosão do tecido social. Discussões acaloradas são frequentes e envolvem milhões de pessoas conectadas por meio do WhatsApp, do Twitter, do Facebook etc. A imprensa escrita e falada deixou de limitar-se à reportagem objetiva das notícias, passando a priorizar as opiniões dos articulistas nos jornais e dos comentaristas na televisão. Essas opiniões e comentários tendem a ser conflitantes, dependendo das posições políticas de seus autores. Em suma, vivemos um período da história em que o choque de posições faz parte do quotidiano da maioria das pessoas. O radicalismo dominante se revela nas discussões e tem levado até à ruptura de laços familiares e de amizade, além de extremismos sem precedentes entre os políticos em quase todos os países.

Nós não gostamos de nos deparar com opiniões contrárias às nossas, principalmente quando se trata de assunto relativo a temas que suscitam grande envolvimento emocional. Em situações em que o envolvimento do eu é muito forte, posições contrárias ameaçam nossas crenças, nossas convicções e nossas preferências. Isso nos causa bastante desconforto, pois pode aluir as bases em que elas se fundamentam. A maneira mais comum de reagirmos a situações desse tipo é negar a plausibilidade e a veracidade das afirmações contrárias às nossas. O choque entre as posições antagônicas suscita discussões acaloradas e cada um dos envolvidos procura defender suas próprias posições.

O psicólogo social Leon Festinger[1] capturou muito bem essa realidade psicológica. Denominou "dissonância cognitiva" o estado desagradável que experimentamos quando entretemos cognições que não se harmonizam entre si. Ora, estarmos certos de nossas posições e nos depararmos com alguém que as contesta são cognições que não se harmonizam, que não se seguem uma da outra, pois tendemos a considerar nossas posições como corretas e verdadeiras; e, por serem corretas e verdadeiras, devem ser aceitas por todos. Para Festinger, a dissonância cognitiva é uma força motivadora semelhante à decorrente de necessidades fisiológicas básicas, tais como a fome e a sede, por exemplo. Enquanto não nos livramos da dissonância cognitiva, experimentamos sentimentos de desconforto, ansiedade, angústia e outras emoções negativas. As discussões acaloradas resultam, quase sempre, em dissonância cognitiva para os que dela participam.

Além da necessidade de reduzir a dissonância e de resistir à influência das tendenciosidades psicológicas que nos impelem a rejeitar as posições contrárias às nossas, outro fator concorre para tornar inúteis as discussões dominadas pela emoção. Verificamos no mundo de hoje, principalmente depois do advento da corrente filosófica pós-modernista, uma tendência a negar cínica e descaradamente a verdade objetiva dos fatos. E isso é outro tema abordado neste livro e considerado responsável pela inutilidade das discussões. Se não há consenso sobre a verdade dos fatos, como poderão ser produtivos os debates sobre temas polêmicos?

A tese central deste livro é que as discussões acaloradas são inúteis, tendo como consequência principal a radicalização das posições das pessoas que discutem. Nessas discussões a emoção predomina sobre a razão, a honestidade intelectual é relegada a segundo plano e as consequências são ruins, frequentemente levando ao estremecimento das relações entre os que discutem. No mundo extremamente polarizado em que vivemos, esse tipo de discussão é comum e isso torna a polarização ainda mais acentuada.

O livro analisa as discussões acaloradas à luz do conhecimento psicológico contemporâneo. Seu objetivo é fazer com que as pessoas se deem conta dos vários fatores psicológicos que as induzem a rejeitar uma opinião contrária a seus valores e convicções. Uma vez conscientes disso, é possível que possam neutralizar essas tendências naturais, conter suas emoções, privilegiando a razão e a honestidade intelectual nas discussões em que se envolvem. Assim procedendo, torna-se mais provável que evitem distorcer a realidade em benefício próprio, aceitando a evidência dos fatos.

O capítulo 1 apresenta argumentos, fatos e situações que parecem justificar a tese deste livro, segundo a qual discussões acaloradas são inúteis. O restante do livro procura reforçar essa tese.

O capítulo 2 descreve dez fatores psicológicos que explicam a resistência das pessoas em aceitar argumentos contrários a suas convicções. São eles: redução de dissonância; busca de harmonia entre o fato e a fonte a ele atribuída; a existência de um eu totalitário que censura tudo que nos desagrada; a complexidade da realidade social que nos induz a sermos mais charlatães do que cientistas na busca da verdade; a necessidade de encontrar posições confirmadoras das nossas; a tendência a enganarmo-nos a nós mesmos; as falhas e a seletividade de nossa memória; a resistência que opomos a qualquer tentativa de persuasão vinda de outra pessoa; a tendência a não admitir que erramos e ainda os nossos estereótipos e preconceitos.

O capítulo 3 analisa um fenômeno que se tornou frequente na atualidade: o desrespeito aos fatos. Vivemos numa época em que nem mesmo os fatos científicos decorrentes de pesquisas sérias, cuidadosas e competentemente conduzidas são respeitados. As *fake news* se multiplicam e são difundidas nas redes sociais de forma alarmante; aqueles a quem os fatos são inconvenientes divulgam "fatos alternativos" inverídicos, às vezes até contratando pessoas inescrupulosas para forjarem "fatos" que contradigam os cientificamente demonstrados com o intuito exclusivo de abalar a veracidade daquilo que lhes é desfavorável. Acresça-se a isso a influência nefasta, a meu ver, do pós-modernismo e da ideologização da ciência. Essa posição filosófica e sociológica do saber relativizou a verdade, considerando-a função dos valores e da história de quem a apregoa. Em outras palavras: a verdade contida numa afirmação não é objetiva; ela é fruto das tendenciosidades de quem a veicula. Daniel Dennett[2] é veemente ao afirmar:

> Para mim o que os pós-modernistas fizeram foi de fato maléfico. Eles são responsáveis pela moda intelectual que tornou respeitável ser cínico acerca da verdade e dos fatos.

A negação dos efeitos prejudiciais à saúde causados pelo fumo, a rejeição às provas das mudanças climáticas decorrentes da emissão de gases poluentes, a alegação de erro nos dados estatísticos que sustentam fatos que não nos convém aceitar, tudo isso exemplifica como a negação da verdade inconveniente assumiu nas últimas décadas proporções jamais vistas, mergulhando o mundo na época da pós-verdade. Em sua edição de 3 de abril de 2017, a Revista *Time* teve como artigo de fundo uma matéria sob o título: "A verdade está morta?" O artigo foi ensejado pelas numerosas mentiras que o governo de Donald Trump usa como estratégia, sem o menor pudor, sem o mais mínimo constrangimento. Essa estratégia é adotada na esperança de que as pessoas acabem por aceitar a mentira como verdade ou, ao menos, que fiquem em dúvida acerca do que é ou não verdadeiro. O advogado de Trump, Rudy Giuliani, afirmou numa televisão americana que *"a verdade não é verdade"*... Será essa aberração a nova modalidade de encararmos os fatos? Se a verdade morreu, se ela não existe mais, qual a finalidade das discussões na era da pós-verdade? Se os fatos são deturpados ao sabor das preferências individuais, de que vale o trabalho de discutir? Se a verdade objetiva e verificável não existe e cada pessoa considera verdadeiro o que mais lhe agrada, como uma discussão poderá resultar num consenso entre as partes de pontos de vista opostos? Em um livro denominado *Gaslighting America: Why we love it when Trump lies to us* [Manipulando a América: Por que gostamos quando Trump mente para nós], a comentarista política Amanda Carpenter[3] explica a estratégia preferida pelo presidente americano. A autora caracteriza o tipo de manipulação psicológica (*gaslighting*) utilizada por Trump como algo mais agressivo do que meras mentiras. Trata-se de um esquema elaborado, segundo ela, concebido com o objetivo de exercer controle sobre as pessoas. Por meio de astutas afirmações mentirosas sobre assuntos importantes, Trump atrai o interesse das pessoas por meio de ataques pessoais sérios, sempre prometendo evidências concretas do que afirma, mas nunca o fazendo, criando expectativas falsas, nunca assumindo responsabilidade pelo que inventa, mas não deixando de lançar a dúvida sobre o que alega mentirosamente. A verdade dos fatos não o preocupa. Concentra-se apenas em suscitar polêmica sobre a premissa falsa que inventou. E essa tática, infelizmente, está ganhando força no século XXI. Ainda nesse capítulo o livro defende a posição de que quanto maior o envolvimento do eu numa discussão, menor a possibilidade de ela ser útil, pois maiores são as distorções dos fatos para satisfazer os anseios individuais e proteger a autoestima das pessoas. São exemplificadas áreas em que isso ocorre com frequência.

O capítulo 4 considera o papel da radicalização na destruição da racionalidade, bem como as consequências nefastas daí decorrentes. Entre elas, destaca-se o perigo em que se encontram as democracias, em que um de seus suportes – a busca de consenso entre os adversários – se desmorona frente ao radicalismo dos políticos e a negação dos fatos em favor de seus interesses e objetivos. Menciona também a polarização em torno de como enfrentar a pandemia decorrente do novo coronavírus.

Finalmente, o capítulo 5 responde à pergunta *"As discussões são sempre inúteis?"*, afirmando que discussões podem ser úteis quando os debatedores são capazes de dominar seu envolvimento emocional, dar-se conta da influência de tendenciosidades cognitivas que os impelem a manter seus pontos de vista, respeitarem os fatos objetivos e inequívocos e privilegiar a honestidade intelectual. Quando isso acontece, as discussões tornam-se debates produtivos, capazes de contribuir para o avanço real do conhecimento por meio da submissão às evidências existentes.

O autor não tem a veleidade de achar que seus leitores, ao terminarem a leitura deste livro, estarão convencidos da inutilidade das discussões acaloradas, principalmente aqueles que, de antemão, pensam que isso não é verdade. Seu objetivo é, por meio dessa análise psicológica, fazer com que os leitores se deem conta da existência de tendenciosidades em nosso aparelho cognitivo que nos impelem a considerar que nossa opinião é a mais sensata, que nossos valores são os que devem ser aceitos por todos, que nossa preferência política é a única certa e assim por diante. Sem ter consciência do papel que essas tendenciosidades desempenham, torna-se muito difícil contrabalançar seus efeitos adotando uma postura de honestidade intelectual que se submeta aos fatos verdadeiros e não aos impulsos de proteção de nosso *eu totalitário*[4]. Sem isso, as discussões acaloradas continuarão exacerbando a discórdia, reforçando a polarização das ideias e fazendo com que a harmonia entre as pessoas atinja níveis lamentáveis de deterioração.

1
Da inutilidade das discussões

As pessoas em geral veem o que querem ver e acreditam no que querem acreditar.
Harry Triandis

A grande maioria das discussões acaloradas resulta no fortalecimento das opiniões das pessoas de pontos de vista opostos, sem que uma das partes reconheça que a outra tem razão. Raramente, muito raramente mesmo, discussões desse tipo terminam com uma pessoa mudando sua posição inicial. O mais comum é que cada uma, ao fim do debate, esteja certa de que sua posição é correta e lógica e que a da outra, equivocada e falaciosa. Em algumas poucas ocasiões uma pessoa pode até reconhecer intimamente que está errada, mas, como se diz na linguagem popular, "não dá o braço a torcer". Mantém sua posição publicamente, ainda que sabendo que está errada, pois admitir expressamente que o oponente tem razão abala sua autoestima e ameaça a estabilidade de seu sistema de crenças e valores. Portanto, mesmo nesses casos, a discussão acalorada não termina com a admissão expressa por uma das partes de que a outra tem razão.

Por que então as pessoas discutem e investem tanto esforço para saírem vitoriosas das discussões? A resposta é que o fazem para defender seus valores e opiniões, convencerem-se cada vez mais de que estão certas e proteger sua autoestima. As pessoas, na maioria das vezes, discutem sem um desejo genuíno e sincero de *buscar a verdade*. O que elas procuram é simplesmente *ganhar o debate* e ver sua posição prevalecer. Daí a inutilidade dessas discussões.

Nas discussões acaloradas, as pessoas defendem seus valores, quer sejam eles religiosos, éticos, políticos, estéticos, ou de qualquer outra natureza. Isso faz com que seu engajamento se revista de características emocionais fortes, pois nossos valores são profundamente arraigados em nosso eu e não é fácil alterá-los. Há, nesses casos, um grande envolvimento pessoal na discussão, cada um dos debatedores querendo, a qualquer preço, ganhar o debate para proteger sua autoestima, atender seus interesses e não abalar seu sistema de crenças e valores.

Nem todas as discussões são acaloradas. Quando não são, elas podem ser úteis. Parece haver uma correlação negativa entre a intensidade do envolvimento de nosso eu nas discussões e a utilidade delas. Quanto mais emocionalmente envolvidas estão as pessoas que discutem, mais inútil é a discussão; e, inversamente, quanto menos envolvidos emocionalmente os debatedores, mais provável é que a discussão resulte na aceitação da realidade pelas partes de pontos de vista opostos.

Através dos tempos, a futilidade das discussões foi reconhecida por vários pensadores de diferentes áreas do conhecimento. Neste livro, o tema será analisado do ponto de vista da psicologia. O objetivo dessa análise psicológica é mostrar que há várias motivações de natureza psicológica para que as pessoas se atenham a seus pontos de vista, distorçam os fatos e resistam à mudança. A tomada de consciência de que nossas emoções muitas vezes ofuscam nossa razão e, ainda, que tendenciosidades cognitivas e outras características psicológicas nos impelem a não renunciar a nossos pontos de vista, poderá fazer com que nos tornemos mais cuidadosos ao nos envolvermos em discussões e que procuremos privilegiar a honestidade intelectual permitindo, eventualmente, que a veracidade dos fatos prevaleça sobre nossos desejos. Nas raras ocasiões em que uma discussão se caracteriza pela busca honesta e exclusiva da verdade dos fatos, ela é, ao invés de fútil e inútil, extremamente valiosa. Nessas ocasiões, a discussão termina na aceitação pelos debatedores da inexorabilidade dos fatos, o que os leva à aceitação da realidade, seja ela favorável ou desfavorável aos seus interesses, desejos e ambições. Mas isso, infelizmente, ocorre rarissimamente.

Como assinalado na introdução, vivemos atualmente um período histórico que se caracteriza pela polarização extremada de posições. A maioria das pessoas vê o mundo dividido em dois campos: o das pessoas que pensam como elas e o das pessoas que pensam diferente delas; o das pessoas que estão com elas e o das que estão contra elas. A coesão intragrupal desses dois tipos de pessoas é enorme e, consequentemente, quando se confrontam num conflito intergrupal, o debate é acalorado, violento e tendencioso. A universalidade das redes sociais facilita o confronto de posições opostas, sem que se faça necessário conhecer pessoalmente o interlocutor e sem que haja o cuidado de se verificar a veracidade dos fatos alegados antes que eles "viralizem". Isso talvez torne as discussões mais inúteis ainda, pois o debate por meio de mensagens é mais sujeito a mal-entendidos e distorções do que a argumentação frente a frente, e as *fake news* são mais facilmente disseminadas.

No momento em que escrevo este capítulo, os Estados Unidos são governados por uma pessoa que mente inescrupulosa e compulsivamente e ignora por completo a realidade dos fatos. Seus aliados criaram a expressão "fatos alternativos" para tentar justificar suas mentiras. Em artigo publicado no *Washington Post* de 22 de janeiro de 2020, Kessler, Rizzo e Kelly[1] afirmam que Trump, em três anos de governo, proferiu 16.241 afirmações falsas ou enganadoras! Vejamos alguns exemplos. Por ocasião de sua posse, Donald Trump e seu porta-voz vieram a público para negar, veementemente, um fato corroborado por fotografias. O fato de a posse de Barack Obama ter atraído muito mais gente do que a posse de Trump é registrada por fotografias do mesmo local tiradas nas duas ocasiões. Não há o que discutir. Mas esse dado concreto, objetivo e verificável não impediu que o presidente e seu porta-voz negassem a realidade porque ela não lhes era conveniente e, principalmente, atingia em cheio o narcisismo doentio de Donald Trump. Pouco depois, o presidente declarou que sua perda para

Hillary Clinton no voto popular se deveu ao fato de que a diferença de perto de 3 milhões de votos a favor de sua opositora decorreu do "fato" de esses 3 milhões de eleitores terem votado ilegalmente. Essa mentira foi denunciada por todos os secretários de Estado encarregados das eleições em seus respectivos estados, mas isso em nada alterou a posição de Trump sobre o assunto. Como se isso não bastasse, mentiu mais uma vez dizendo que Barack Obama havia ordenado a escuta telefônica da Trump Tower no período que antecedeu as eleições. Como nos diz Michael Hayden[2], antigo diretor da Agência Nacional de Segurança (ANS) e da CIA, pouco depois da posse de Trump na presidência dos Estados Unidos, James Comey, então diretor do FBI, e Mike Rogers, diretor da ANS, foram indagados em sessão aberta do Congresso americano se Trump havia enganado a nação quando afirmou que havia sido vítima de escuta eletrônica após sua eleição. Ambos os diretores responderam que sim, que Trump havia de fato enganado o povo americano com essa afirmação falsa. Trump se retratou e pediu desculpas? Ao contrário, continuou defendendo suas mentiras e instruindo seu porta-voz para que continuasse defendendo as falsidades. Para ele, fato é, simplesmente, o que ele quer que seja a fim de satisfazer seu narcisismo. A realidade não importa a mínima. Se essa é a disposição das pessoas ao se envolverem numa discussão (negar a realidade e defender a todo custo seus pontos de vista para proteger sua autoestima) que utilidade ela terá?

Donald Trump pode ser um caso patológico de *narcisismo mórbido*, como dizem os renomados psiquiatras e psicólogos que contribuíram para o livro editado por Brady Lee[3], que o leva a mentir inescrupulosamente e a rejeitar a realidade que lhe é adversa. Sua própria sobrinha e psicóloga, Mary Trump[4], considera-o um sociopata. Entretanto, mesmo em pessoas normais, muitas vezes os fatos são impotentes para dirimir controvérsias porque, como disse Anaïs Nin, não vemos os fatos como *eles são* na realidade, mas sim como *nós somos*. Por exemplo, se somos preconceituosos, julgamos de maneira diversa *um mesmo comportamento negativo*, conforme ele tenha sido emitido por uma pessoa que é alvo de nosso preconceito ou por outra que não o é. Vemos a ação negativa perpetrada pela primeira como algo sórdido e intencional e, *a mesma ação negativa*, quando de autoria da segunda, como algo involuntário e pelo qual ela não pode ser responsabilizada ou até como algo desprovido de características negativas! De fato, quando nos convém, podemos até chegar ao extremo de considerar positivo um fato negativo – uma total distorção da realidade! Mas vou mais além. Eu diria que não só *não vemos as coisas como elas são e sim como nós somos*, mas também *as vemos como* **queremos** *que elas sejam.* Distorcemos a realidade não apenas porque temos valores, atitudes e crenças, porque sofremos a influência do grupo com o qual nos identificamos e de nossas tendenciosidades cognitivas, enfim, porque somos como somos; nós a distorcemos porque **queremos** que as coisas sejam da maneira que mais nos agrada. Que outra explicação pode ser dada para o exemplo acima mencionado da negação do óbvio evidenciado por fotografias?

Luciano Trigo[5], depois de referir-se a Pero Vaz de Caminha e seu grupo de navegantes que interpretavam o que os nativos diziam de forma a que os desejos daqueles (não a realidade) fossem saciados, acrescenta:

> Talvez tenhamos herdado do colonizador português nossa vocação para acreditar naquilo que queremos. [...] Sempre aplicamos à realidade o filtro de nosso desejo: se a realidade não corresponde ao que quero, pior para a realidade.

A psicologia nos diz[6] que somos "avaros cognitivos", isto é, tendemos a ser econômicos em nossos pensamentos. Utilizamos atalhos para atingir a "verdade", recorremos a estereótipos e preconceitos para simplificar a realidade social, somos simplistas em nossos julgamentos e avaliações e preferimos o caminho cognitivo menos trabalhoso ao mais árduo. Rechaçar argumentos contrários e agarrarmo-nos com unhas e dentes aos nossos é um exemplo dessa avareza cognitiva que nos induz a seguir a lei do menor esforço toda vez que temos que pensar. No ardor da discussão, é muito mais simples e econômico repetirmos nossas crenças e os argumentos que atendem aos nossos desejos do que tentar entender a argumentação contrária que, se aceita, abalaria nossas convicções, aluiria a força de nossos argumentos e nos forçaria a uma penosa reorganização de nossas crenças e valores.

É por isso que Fiske e Taylor afirmam na obra acima citada que, ao vermos uma pessoa defendendo seus pontos de vista,

> [...] ao invés de encontrarmos um cientista em procura honesta da verdade, nós nos deparamos com a constrangedora figura de um charlatão, procurando fazer com que os dados apareçam da forma mais vantajosa possível para a confirmação de suas teorias.

Em seu livro *Fooling Ourselves*, Triandis[7] diz que

> as pessoas frequentemente veem o que querem ver e acreditam no que querem acreditar e isso cons-

titui a essência do fenômeno de autoengano.

Desde as Escrituras é reconhecido o desejo de mantermos nossa opinião, mesmo que isso vá de encontro à razão. No Livro dos Provérbios[8], lê-se:

> O egoísta procura os próprios caprichos, irrita-se contra todo o conselho. Ao insensato não agrada o discernimento, mas publicar o que há em seu coração (Pr 18,1-2).

Na filosofia, a busca do conhecimento verdadeiro e a correção dos argumentos são objeto de estudo na Teoria do Conhecimento e na Lógica. O objetivo da filosofia é mostrar se um determinado conhecimento tem fundamentos que o justifiquem e se a argumentação para fazer uma afirmação correta decorre de princípios lógicos. A *Crítica da razão pura* de Kant, os diálogos socráticos, o empirismo de Locke e Hume, o idealismo hegeliano e várias outras fontes filosóficas relativas ao conhecimento da realidade e à lógica da argumentação são extremamente importantes. Elas ajudam as pessoas a substanciar suas posições, mas o fazem de um ponto de vista estritamente racional. Quando este livro trata da inutilidade das discussões, ele está se referindo a argumentações em que o racional e o emocional se misturam; na maioria das vezes, o último se sobrepondo ao primeiro. É possível e até desejável que os participantes das discussões procurem fundamentar suas posições em argumentos racionais, mas como se verá no decorrer desta obra, esse objetivo é frequentemente obscurecido pelo advento das emoções que as discussões suscitam e pela necessidade de convencer os outros daquilo que desejamos que eles acreditem.

Thomas Jefferson[9], o principal autor da Declaração da Independência dos Estados Unidos e depois presidente daquele país, era muito cético em relação ao valor das discussões. São dele as seguintes ponderações:

> Ao apresentar regras de prudência para um governo em sociedade, não devo omitir a importância de nunca entrar em disputas ou discussões com outrem. Nunca vi um caso de um dos dois envolvidos numa discussão convencer o outro por meio de argumento.

Paradoxalmente, um dos fatores responsáveis pela radicalização de posições e pela polarização de ideias são as discussões. Quando discutimos, nós fazemos um esforço para reunir argumentos a favor de nossas posições e antagônicos aos de nosso interlocutor. Isso resulta no enrijecimento de nossas posições e numa forte repulsa à postura contrária. A consequência inevitável é a radicalização e a polarização. Principalmente na era do Facebook, do Twitter, do WhatsApp e demais redes sociais, as discussões ocorrem com mais frequência e mais facilidade e sem a presença física do oponente. A facilidade de livrar-se sumariamente do interlocutor quando a discussão se torna desagradável facilita o maior engajamento das pessoas em discussões nas redes sociais. E, ao fim da troca de mensagens acaloradas, os interlocutores estão ainda mais convictos de que sua posição é a certa e a do opositor, a errada.

A influência de nossas emoções em nossos comportamentos é reconhecida até na economia. Richard Thaler[10], agraciado com o Prêmio Nobel em Economia em 2017, mostra que nossas decisões em matéria econômica são mais guiadas pela irracionalidade do que pela racionalidade. A edição de 10 de setembro de 2017 do *New York Times* informa que

> o comitê do Nobel, anunciando o prêmio em Estocolmo, disse que estava honrando o Professor Thaler por seu trabalho pioneiro em estabelecer que as pessoas são previsivelmente irracionais – que elas consistentemente se comportam de maneiras que desafiam a teoria econômica. As pessoas se recusarão a pagar mais por um guarda-chuva durante uma tempestade; elas usarão as economias dos preços mais baixos da gasolina para comprar gasolina aditivada; elas se oferece-

rão para comprar uma caneca de café por três dólares e se recusar a vendê-la por seis dólares.

Este livro mostrará que existem fortes obstáculos psicológicos que tornam difícil sermos totalmente honestos em nossas discussões. Não obstante, a honestidade intelectual é absolutamente indispensável para que não sejamos vítimas de nossas tendências naturais, tornando totalmente inúteis nossas discussões. O esforço contínuo na busca de honestidade intelectual é nosso único recurso para que vejamos a realidade como ela é e não como desejamos que ela seja. Se a maior parte das pessoas fosse intelectualmente honesta e não apenas advogasse apaixonadamente por suas convicções, interesses e necessidades, este livro não teria razão de ser. Como frequentemente não somos intelectualmente honestos, esse livro pretende, por meio da exposição de forças psicológicas que nos levam a refutar a realidade dos fatos todas as vezes que eles contrariam nossos interesses e desejos, facilitar a tarefa de sermos intelectualmente honestos em nossas discussões, reconhecendo os fatos, mesmo quando eles contrariam nossos desejos e convicções, caso sejam inequivocamente comprovados. Em artigo publicado em *O Globo* de 11 de setembro de 2016, José Padilha afirma que

> o respeito à racionalidade e à honestidade é valor muito mais importante e fundamental para uma sociedade do que qualquer ideologia.

David Brooks, articulista do *New York Times*, refere-se a um livro ainda inédito de Alan Jacobson, no qual o autor menciona que os membros da Yale Political Union são elogiados quando são capazes de apontar uma ocasião em que um debate mudou totalmente sua maneira de pensar em relação a alguma coisa. Quando isso ocorre, a pessoa é admirada por sua honestidade.

Sem honestidade intelectual, as discussões são totalmente inúteis. Se o leitor, quando se envolver numa discussão acalorada, procurar conter suas emoções e impulsos e se dispuser a considerar seriamente os fatos, mesmo quando eles não sejam como desejaria que fossem, então uma discussão poderá ser útil. Em outras palavras, que considere o debate como uma oportunidade para a busca honesta da verdade e não simplesmente como uma ocasião para fazer prevalecer seus pontos de vista. Referindo-se à polarização dominante no período pré-eleitoral no Brasil de 2018, Fernando Gabeira disse, em sua coluna de 17 de setembro de 2018 em *O Globo*, que

> o clima de radicalização está levando as pessoas a lerem apenas notícias com as quais concordam. [...] Se

continuarmos assim, abrigados em tribos, acreditando apenas no que queremos acreditar, será cada vez mais difícil a vida de quem não habita os extremos.

Qual a utilidade das discussões em um clima como esse?

2
Obstáculos psicológicos à utilidade das discussões

Os seres humanos são mestres em autopersuasão. Quanto mais fortes as evidências de que estamos errados, mais tentamos nos convencer de que estamos certos.
Robert V. Levine

Há vários fatores psicológicos que nos impelem a exibir determinados comportamentos. Por exemplo, a tendenciosidade à harmonia nas relações interpessoais nos motiva a concordar com pessoas de quem gostamos e a discordar daquelas de quem não gostamos.

Neste capítulo serão apresentados dez fatores psicológicos que nos motivam a agir de certa maneira. Caso não haja um cuidado especial para tomar consciência dessa realidade psicológica e tentar controlar seus efeitos numa discussão, esta se tornará inútil.

Os fatores psicológicos tratados neste capítulo revelam tendências normais encontradas nas pessoas. Podem ser mais motivadoras em determinadas pessoas, mas todos nós somos por elas influenciados em algum grau. As motivações que elas suscitam tornam difíceis, quando nos envolvemos em uma discussão acalorada, abrir mão de nossos pontos de vista e admitir que a outra pessoa tenha razão.

2.1 A incoerência incomoda

> *Não somos animais racionais; somos animais racionalizantes. Menos motivados a termos razão do que a crer que temos razão.*
> Elliot Aronson

Ninguém gosta de parecer incoerente. Digo "parecer" e não "ser" porque ninguém admite que "é" incoerente. A pessoa que fuma, não obstante a esmagadora prova dos fatos de que o fumo faz muito mal à saúde, não admite essa realidade e se defende da acusação da incoerência entre seu hábito de fumar e seu desejo de uma vida saudável, recorrendo a racionalizações do tipo: "conheço inúmeras pessoas que fumaram a vida toda e passaram dos 80 ou mesmo dos 90"; "o que se fala é da existência de uma associação e não de uma relação causal, que não está ainda demonstrada"; ou, como ouvi uma vez um amigo dizer, "o fumo só faz mal se você não fumar bastante, pois fumar muito faz com que o organismo se adapte e resista a qualquer mal que porventura o fumo possa causar"...

O que frequentemente ocorre nas discussões é a tentativa de uma pessoa mostrar à outra que esta está sendo incoerente em sua argumentação. A incoerência, quando provada, constitui argumento forte contra a posição da pessoa que nela incorre. Entretanto, a não ser quando se trata de uma incoerência lógica ou matemática, as pessoas racionalizam sua incoerência e não a admitem. Se A é maior do que B e B é maior do que C e uma pessoa diz que A é menor do que C, não é possível "racionalizar" essa incoerência lógica e matemática. Mas se uma pessoa se diz defensora dos pobres e acumula riquezas ilicitamente, o que lhe permite uma vida faustosa e de gastos supérfluos, isso é imediatamente alvo de negação ou racionalização, o que faz com que a pessoa não reconheça sua incoerência. Os ideais socialistas e a vida de capitalista financiada por dinheiro de origem fraudulenta se harmonizam por meio de uma verdadeira ginástica mental para tornar compatível e coerente o que é incompatível e ilógico. E a discussão se eterniza, uma parte insistindo na incoerência e a outra negando-a ou justificando-a por meio de racionalização. Vejamos um exemplo concreto: a justificativa utilizada pela administração de George Bush para invadir o Iraque. Em artigo publicado em 2005[1], tive oportunidade de analisar em detalhe a criminosa invasão do Iraque sob a perspectiva da psicologia social. Limitar-me-ei aqui a analisar apenas um dos aspectos dessa nefasta decisão tomada pela administração de George Bush e apoiada por Tony Blair e outros líderes: a justificação da guerra em virtude de Saddam Hussein possuir armas de destruição em massa. A fim de obter apoio da opinião pública, Bush, Cheney, Blair e outros justificaram a invasão com base nessa suposição. Entretanto, os fatos confirmaram, de forma inequívoca, que tais armas não existiam. Além de o Iraque não as ter utilizado para se defender assim que foi bombardeado (se tinham armas e não iriam usá--las, de que serviriam tais armas?), por mais que procurassem os americanos nunca as descobriram. Essa realidade indiscutível foi suficiente para que

Bush e seus seguidores admitissem que estavam errados? De forma alguma. A necessidade de ser coerente (o Iraque foi invadido porque possuía armas de destruição em massa que ameaçavam a humanidade) foi mais forte do que os fatos. Por anos a fio o governo americano se recusou a admitir a evidência da inexistência da razão alegada para a guerra. No livro *State of denial* [Estado de negação] (o mecanismo de negação, um dos mecanismos de defesa do eu de que nos fala Freud, é uma das maneiras de eliminar a dissonância), Bob Woodward[2] mostra como a administração Bush escondeu do povo americano a verdade sobre a guerra contra o Iraque. Revelá-la seria criar uma intolerável dissonância para os governantes. Quando não dava mais para defender o indefensável, o que aconteceu após anos de infrutífera busca das alegadas armas, justificaram a guerra dizendo que Saddam Hussein tinha ligações com a organização terrorista Al Qaeda. Quando também essa alegação foi desmentida pelos fatos, o recurso foi, simplesmente, alegar que Saddam Hussein era um déspota cruel e perigoso e que precisava ser aniquilado. Em suma: as pessoas não aceitam reconhecer que erraram. Quando confrontadas com a incoerência entre os fatos e suas posições a eles contrárias, recorrem à negação e à racionalização para continuar com suas posições. E isso torna a discussão totalmente inútil, pois não há nenhuma intenção de aceitar os fatos, mas apenas a de justificar posições contraditadas por eles.

A psicologia explica esse estado de coisas. Segundo a teoria da dissonância cognitiva proposta pelo psicólogo social Leon Festinger[3], toda vez que contemplamos cognições que não se harmonizam, que não se seguem uma da outra, experimentamos um estado incômodo de dissonância cognitiva. Cognições são pensamentos que ocupam nossa mente em determinado momento. Se queremos ter saúde e, ao mesmo tempo, nos engajamentos em comportamentos prejudiciais à saúde, a cognição "eu quero ter boa saúde" e a cognição "estou fazendo coisas que são prejudiciais à minha saúde" não se harmonizam, não se coadunam, uma não se segue da outra. Elas estão em contradição, em dissonância. A saída é buscar harmonizá-las recorrendo à negação, à racionalização, à busca de outras cognições coerentes de forma a tornar menor a razão *cognições dissonantes/cognições consonantes*. Se as dissonantes não podem ser totalmente eliminadas, aumentamos o denominador (cognições consonantes) e o resultado será uma diminuição da magnitude da dissonância.

Ora, quando numa discussão, apresentamos fatos que colocam a pessoa com quem discutimos em estado de dissonância, essa pessoa procurará negá-los ou distorcê-los. E as discussões se perpetuam, tornam-se carregadas de emoção e a racionalidade passa ao largo.

Um fato curioso levou Festinger a desenvolver a teoria da dissonância cognitiva. Em seu livro *When prophecy fails* [Quando a profecia fracassa], Festinger[4] e colaboradores contam um episódio ocorrido em Utah, nos Estados Unidos, envolvendo uma senhora que se considerava capaz de comunicar-se com entes extraterrenos que viviam num planeta chamado Clarion. Essa senhora era líder de uma seita religiosa e dizia que o mundo seria destruído por um dilúvio, salvando-se apenas as pessoas que se juntassem a ela em seu culto. Ela e os fiéis de sua seita seriam recolhidos por um disco voador no dia 21 de dezembro de 1954. Esse fato foi revelado numa nota de um jornal da época. Certos de que isso não iria ocorrer, Festinger e dois colegas, Riecken e Schachter, enviaram estudantes encarregados de fazer parte da seita e eles mesmos juntaram-se aos crentes dias antes de 21 de dezembro para observar o que ocorreria quando o disco voador não chegasse para recolher os fiéis. No livro acima citado eles descrevem em detalhes os acontecimentos daquela noite. O importante foi a reação das pessoas depois que o relógio bateu meia-noite e o disco voador não apareceu. A chefe da seita estava muito nervosa e a ansiedade dos presentes era visível. A dissonância entre a expectativa de serem salvos e o não aparecimento do disco voador que os salvaria era enorme. Foi quando ela avisou que estava recebendo comunicação dos entes extraterrestres, com quem, segundo dizia, mantinha contato frequentemente. Retirou-se então para uma sala onde se concentraria para ouvir o que lhe seria dito. Ao voltar, duas horas depois, comunicou aos fiéis que havia sido informada de que a fé do grupo havia salvado o mundo e que este não seria mais destruído por um dilúvio. E essa racionalização eliminou a dissonância, todos respiraram aliviados e passaram a divulgar o ocorrido na imprensa para convencer as pessoas a filiarem-se à sua seita religiosa!

A situação de dissonância nesse caso é clara. A cognição *"o mundo seria destruído e antes os fiéis serão salvos por um disco voador em dia e hora determinados"* e a cognição *"nenhum disco voador veio lhes salvar na data prometida"* eram dissonantes. A saída foi dizer que a fé dos membros da seita havia salvado o mundo e, consequentemente, não havia mais necessidade de eles serem recolhidos pela nave espacial. Vê-se nesse caso como as pessoas, uma vez imbuídas de determinada crença, resistem a reconhecer que sua crença não é corroborada pelos fatos. Ora, em nossas discussões, as crenças e convicções que temos são postas em xeque pela pessoa com quem discutimos e por possíveis fatos por ela apresentados. Como a dissonância que daí decorre nos incomoda, nós nos recusamos a aceitar a argumentação e a discussão se eterniza, as racionalizações imperam e ninguém convence ninguém.

Constantemente em nossas vidas estamos tentando eliminar a dissonância entre nossas cognições ou, pelo menos, reduzir sua magnitude. Toda vez que tomamos uma decisão enfrentamos um estado de dissonância. As características positivas da alternativa rejeitada tornam-se dissonantes com o comportamento de rejeitá-las, enquanto as características negativas da alternativa escolhida são dissonantes com o comportamento de escolhê-la. O que fazemos então? De acordo com o demonstrado em vários estudos, após uma decisão nós *valorizamos a alternativa escolhida e depreciamos a rejeitada*. Assim, se antes da escolha uma alternativa era por nós avaliada como tendo uma atratividade 6, por exemplo, numa escala de 0 a 10, depois de escolhida ela passa a ser avaliada como 6 ou 7. Da mesma maneira, se a alternativa rejeitada era avaliada como 5 na mesma escala, depois da escolha ela passa a ser avaliada como 4 ou menos. Em outras palavras, enquanto as alternativas eram próximas em atratividade *antes* da escolha, *após* a escolha elas se afastam significativamente na escala de avaliação de sua atratividade. Numa pesquisa conduzida por Brehm[5], estudantes universitários foram solicitados a avaliar a atratividade de oito objetos de uso doméstico. Após sua avaliação, o experimentador solicitou a cada um que escolhesse um de dois objetos (os que ele tinha avaliado anteriormente como de atratividade média) para que o levasse para casa. Quando solicitados a avaliá-los novamente, o objeto escolhido subiu em atratividade enquanto o rejeitado caiu. Por que será isso? É porque não gostamos de tomar decisões equivocadas. Isso abala nossa autoestima e gera dissonância, pois queremos sempre nos ver como capazes de decisões inteligentes e adequadas. Valorizando a alternativa escolhida e desvalorizando a rejeitada, reduz-se a dissonância que se segue a decisões e faz com que fiquemos satisfeitos com nossa decisão. Os aspectos positivos da alternativa escolhida ficam mais positivos e seus aspectos negativos diminuem em importância.

Assim como não gostamos de parecer pouco inteligentes e de cometer erros, não gostamos tampouco de parecer imorais. Portanto, quando nos vemos instigados, por meio de incentivos (monetários ou de outro tipo), a emitir um comportamento que está em desacordo com nossos princípios morais, quanto menor a magnitude do incentivo, mais nos sentimos motivados a justificar o nosso ato. Isso foi demonstrado por Festinger e Carlsmith[6] em um estudo em que os participantes eram solicitados a dizer uma mentira a outro participante em troca de uma pequena ou de uma grande recompensa em dinheiro. Os que aceitaram mentir por uma pequena recompensa se convenceram de que, na realidade, o que haviam dito não era assim tão distante da realidade, enquanto os que o fizeram por uma alta recompensa não sentiram necessidade de racionalizar seu comportamento. Em outras palavras, a recompensa pequena causou grande desconforto (dissonância) após a mentira, enquanto a recompensa grande servia de atenuante para o comportamento inadequado.

Outra situação bastante comum que encontramos em nossas vidas é a de nos expormos a informações veiculadas pela imprensa escrita e falada. Por que será que preferimos ler certos jornais e assistir aos programas políticos de determinados canais de TV, assistimos a conferências de pessoas cujas ideias coincidem com as nossas, formamos amizades com pessoas de valores e opiniões semelhantes aos nossos e assim por diante? A razão é que procuramos evitar a exposição à informação dissonante, ou seja, aquela que vai de encontro ao que pensamos e valorizamos.

Em todos esses casos, o objetivo é o mesmo: procuramos evitar o incômodo da inconsistência, da dissonância entre nossas cognições. Portanto, com base na teoria da dissonância cognitiva, enfrentar uma discussão é dissonante, pois nos expomos a pontos de vista contrários aos nossos. A maneira de contornar esse incômodo é nos convencermos cada vez mais de que nosso ponto de vista é o correto e que, consequentemente, o da outra pessoa é o errado. Quer isso dizer que nunca uma discussão leva uma pessoa a convencer a outra de que está errada? Não, mas isso raramente acontece devido à existência de uma forte resistência contrária. Por isso se pode dizer com segurança que a enorme maioria das discussões é inútil, pois o incômodo da exposição a informação dissonante e várias outras barreiras psicológicas que serão apresentadas a seguir nos levam a rejeitar os pontos de vistas opostos.

A teoria da dissonância cognitiva nos mostra que a inconsistência incomoda, ameaça nossa autoestima e nos motiva a buscar consonância. Buscar consonância numa discussão é tentar, de todas as maneiras possíveis, provar que os outros estão errados e que nós estamos certos.

Daí a intensa busca de argumentos a favor de nossa posição e a constante distorção dos fatos apresentados pelos outros quando esses fatos nos incomodam. E as pessoas com quem discutimos fazem o mesmo, isto é, distorcem os fatos por nós apresentados quando eles lhes são incômodos e buscam avidamente apresentar fatos que apoiem suas posições. Só mesmo uma grande dedicação à busca da verdade e uma total aderência ao princípio da honestidade intelectual poderão fazer com que uma pessoa entre em uma discussão e, se for o caso, reconheça que seu ponto de vista estava errado e seja convencida pela pessoa com quem discutiu. Isso só é possível nos casos extremamente raros em que as pessoas, além de possuírem honestidade intelectual e amor à verdade acima indicados, conseguem controlar suas emoções e se deixam levar pela razão. Quantas situações desse tipo o leitor conhece? Eu ousaria dizer que a maioria dos leitores responderá que nunca, ou muito raramente, testemunhou (ou fez parte de) discussões revestidas dessas características. Sendo assim, a maioria esmagadora das discussões é inútil, ninguém sai convencido de nada, as posições iniciais são reforçadas e toda a acalorada polêmica constitui um mero exercício de futilidade. A motivação para eliminar a dissonância é um dos fatores que contribuem para isso.

2.2 A busca de harmonia

> *O inimigo de meu inimigo*
> *é meu amigo.*
> Anônimo

Convido o leitor a acompanhar-me em um "experimento mental", ou seja, considerar mentalmente uma situação e indicar como a maioria das pessoas se comportaria diante dela. Ao fazê-lo, o leitor terá oportunidade de sentir o incômodo que experimentamos quando nos deparamos com uma situação interpessoal desarmoniosa.

A situação é a seguinte:

Pedro considera Tiago um idiota e um chato de primeira grandeza. Um dia Pedro lê uma poesia e gosta tanto dela que se dá ao trabalho de procurar descobrir quem foi o seu autor a fim de cumprimentá-lo. Ao fim de sua busca, Pedro verifica que Tiago foi o autor da poesia.

Pergunto agora ao leitor: o que ocorre, na maioria das vezes, quando uma pessoa se encontra na situação de Pedro?

Fritz Heider[7], um consagrado psicólogo social austríaco, deu-se ao trabalho de apresentar essa situação a 101 estudantes. Esses estudantes responderam à pergunta acima da seguinte maneira: 46% mudaram sua opinião sobre o autor, passando a considerá-lo positivamente; 29% passaram a achar que a poesia era, na realidade, muito fraca;

5% questionaram a união entre o autor e a poesia, duvidando que a poesia fosse mesmo de Tiago; e 20% dos participantes diferenciaram o autor, dizendo que em certas ocasiões ele é capaz de fazer uma boa poesia, mas que, na maioria esmagadora das vezes, ele é mesmo muito fraco.

O que esses dados têm a ver com o tema deste livro? Eles mostram que as pessoas não gostam de se defrontar com situações desarmoniosas como essa e reagem de forma a harmonizá-las, tal como os dados obtidos por Heider demonstraram. Ora, nas discussões, as pessoas estão em posições antagônicas e nossas atitudes em relação a elas formam todos harmoniosos ou desarmoniosos. No experimento mental que acabamos de ver, uma pessoa se confronta com um fato (gosto por uma poesia) que contradiz a sua opinião sobre o autor (visto como idiota e chato). Em outras palavras, a atitude da pessoa em relação ao poeta e sua atitude em relação à sua poesia não se harmonizam e, por isso, causam desconforto. A atitude de Pedro em relação a Tiago e sua atitude em relação à poesia são antagônicas e Tiago e sua poesia são percebidos formando uma unidade cognitiva. Para atingir harmonia, a pessoa no experimento acima (a) muda sua opinião acerca de Tiago (46%); (b) muda sua atitude acerca da poesia (29%); (c) questiona a união entre o poeta e a poesia duvidando de que ele tenha sido de fato o autor (5%); ou (d) diferencia entre o autor que ele considera ser um idiota e um chato e o autor dessa poesia específica, insinuando que ele continuará a ter uma visão negativa do autor, mas admitindo que, em relação a essa poesia, o poeta se saiu muito bem (20%).

Estudos posteriores por mim conduzidos[8, 9] mostraram que, em situações semelhantes, as pessoas preferem questionar a ligação entre o autor e sua obra ou diferenciar a pessoa; a minoria se mostra disposta a mudar sua atitude, quer em relação ao autor, quer em relação à sua obra. O que se vê mais frequentemente nas discussões é que, em busca de harmonia entre suas cognições, a pessoa menospreza seus oponentes (só mesmo idiotas, imbecis ou imorais pensam de forma diferente da minha) e vilipendia a posição deles. Com isso ela se sente bem, pois seu oponente na discussão e o objeto da atitude desse oponente são desprezíveis e estão cognitivamente unidos. A teoria de Heider serviu de inspiração ao desenvolvimento da teoria da dissonância cognitiva de Festinger, mencionada anteriormente.

A força em direção à harmonia entre nossas relações interpessoais prevista pela teoria de Heider é muito poderosa e está constantemente presente em nossas vidas. De acordo com a teoria, existe harmonia quando temos atitudes positivas em relação a pessoas que também exibem atitudes positivas entre si e, ao contrário, existe desarmonia quando nutrimos sentimentos positivos em relação a pessoas que se detestam. E isso é muito importante para o assunto deste livro. Às vezes detestamos uma pessoa que pertence (está unida) a um grupo que desprezamos. Isso é harmonioso. Mas, se por alguma razão essa pessoa que nós detestamos abandona o grupo que desprezamos e se associa a um que prestigiamos, nossa atitude tende a tornar-se positiva em relação a ela. Eis um exemplo simples: um jogador de futebol quando pertence a um time que detestamos é detestado também; mas se ele é depois contratado pelo time de nossa preferência, passamos a aceitá-lo e até a aplaudi-lo. Isso é exatamente o que prediz a teoria do equilíbrio.

A teoria de Heider nos permite entender o que se passa em certas discussões que envolvem sentimentos (positivos ou negativos) que temos por pessoas cujas posições são objeto da discussão. É extremamente difícil aceitarmos que pessoas de quem gostamos estejam unidas a características negativas ou que exibam atitudes favoráveis a algo que repudiamos; e, também, que pessoas de quem desgostamos estejam unidas a algo que aprovamos ou exibam atitudes semelhantes às nossas.

Assim, se um político de quem desgostamos está unido a algo que valorizamos, usamos a discussão para provar que ele na realidade não está unido a isso; e, se um político de quem gostamos é acusado de estar a unido a algo que reprovamos, esforçamo-nos para provar que tal união não existe. Ou, ainda, recorremos a racionalizações para distorcer a realidade. Vemos, pois, que as discussões são fomentadas pela vontade de trazer harmonia ao que está desarmonioso e fazemos isso constantemente.

Vimos anteriormente que é mais fácil questionar a união que gera harmonia do que mudar nossas atitudes em relação às partes integrantes da união desarmoniosa. Portanto, se o político de quem eu gosto é acusado de ter roubado, eu questiono a autenticidade da afirmação com a qual quer me convencer disso. E se um político de quem eu desgosto é apontado pela pessoa com quem discuto de ter feito algo meritório, eu questiono a veracidade da associação e a discussão se perpetua e não chega a lugar nenhum.

Asch[10] conduziu um estudo no qual apresentou a estudantes americanos um mesmo texto, ora atribuído a uma fonte por eles prestigiada, ora a uma fonte por eles menosprezada. O texto foi tirado de uma carta de Thomas Jefferson, um dos fundadores da democracia americana e o principal autor da Declaração da Independência dos Estados Unidos. O texto era o seguinte:

> Em minha opinião, uma pequena rebelião de vez em quando é uma coisa boa e tão necessária ao mundo político como as tempestades no mundo físico.

Para metade dos participantes o trecho foi atribuído a Thomas Jefferson e, para a outra metade, foi dito que ele era de Vladimir Lenin, o ditador russo. Era pedido aos participantes que interpretassem o texto. As interpretações variavam completamente de acordo com a fonte a que o texto era atribuído. Se a Jefferson, "rebelião" era vista como pequenos movimentos políticos sem grandes consequências; se a Lenin, "rebelião" era vista como revolução para tomar o poder.

Mais uma vez a teoria do equilíbrio explica o que acabamos de relatar. Jefferson, uma figura de prestígio e reverenciada pelos americanos, não pode estar unido a algo inaceitável como uma revolução antidemocrática. Sendo assim, o termo "revolução" é interpretado como algo trivial e inofensivo. Mas o termo "revolução" é entendido em seu verdadeiro significado caso Lenin, um ditador implacável, esteja unido a ele.

Vejamos o que esse achado tem a ver com a inutilidade das discussões. Se percebemos as ações de uma pessoa em função da atitude (positiva ou negativa) que temos em direção a elas, como vê-las com isenção e objetividade? E se não vemos os fatos com isenção e objetividade, como poderemos chegar a um acordo numa discussão?

2.3 O eu totalitário

> *O ego rejeita uma ideia*
> *insuportável e o afeto a ela*
> *associado e se comporta*
> *como se essa ideia jamais*
> *tivesse ocorrido.*
> Sigmund Freud

O totalitarismo é uma postura política rejeitada pela maioria das pessoas. Entretanto, as mesmas pessoas que repudiam um regime político totalitário possuem, dentro de si mesmas, um "eu totalitário". É o que nos diz A.G. Greenwald[11] em seu artigo intitulado "The totalitarian ego" [O eu totalitário]. Tal como ocorre num regime totalitário, censuramos informações que não nos agradam, distorcemos os fatos para que eles pareçam apoiar nossas posições, criticamos violentamente nossos adversários ou pessoas com pensamento diferente do nosso, apoiamos e propagamos mentiras desde que sejam a nosso favor, desmoralizamos os que nos criticam, tudo como se faz nos países totalitários através da história. Só não censuramos a imprensa e prendemos nossos adversários porque não temos poder para tanto...

São copiosas as evidências psicológicas de que utilizamos distorções na defesa de nossas opiniões e interesses. Nossa memória é focada em nosso eu. A função da memória é registrar, armazenar e evocar os fatos com que nos deparamos em nossas vidas. Como bem assinala Greenwald no artigo citado,

> o passado é lembrado como se fosse um drama no qual o eu é seu ator principal.

Por ser o ator principal, tudo gira em torno dele e em função dele. Portanto, a memória de nosso passado e o processamento do presente são tendenciosos. Nesse particular, agimos como muitos historiadores que, ao invés de relatar a realidade de forma isenta, interpretam os fatos históricos da maneira que mais lhes convém, dando-lhes a conotação que precisam para que confirmem seus interesses e opiniões. Professores de história adotam os livros que reportam os "fatos históricos" de maneira que coincide com a versão que querem transmitir a seus alunos. Nas ditaduras, os livros são censurados justamente para que apenas a versão dos fatos de interesse do ditador seja transmitida aos estudantes. E não só em ditaduras declaradas. No Brasil, por exemplo, livros de história do Brasil apresentam os fatos da maneira mais conveniente a seus autores, descrevendo-os como querem que eles tenham sido e não necessariamente como de fato foram. Fenômeno idêntico ocorre também em outros países.

Em seu artigo, Greenwald faz várias alusões ao livro de George Orwell, *1984* (citado anteriormente), onde se pode ver claramente a semelhança entre o que fazem governos totalitários com o que faz o nosso eu para proteger nossa autoestima. Orwell afirma que os líderes autoritários jamais admitem erro e vivem num mundo ilusório onde fracassos nunca são lembrados ou admitidos. Em sua novela, Winston Smith, seu protagonista, trabalha para o Ministério da Verdade, que é encarregado de distorcer todos os fatos para que eles pareçam favoráveis ao governo. Mentiras são repetidas à saciação, documentos comprometedores são destruídos e assim a população é iludida constantemente, impedida de ver a realidade do governo totalitário. As distorções e negações da realidade, perpetradas pelo nosso eu, não são necessariamente conscientes e deliberadas, mas ocorrem para preservar nossa autoestima e estão presentes nas discussões acaloradas onde defendemos nossos pontos de vista. Nossa memória, focada em nosso eu e a serviço dele, registra, recorda e processa os "fatos" como queremos que eles sejam, modificando o que deve ser modificado para atingir esse objetivo. Outra característica de nosso eu totalitário é a tendência que temos a creditar a nós os nossos sucessos e a culpar outras pessoas, ou as circunstâncias do ambiente, pelos nossos fracassos. É sempre o mesmo tema, ou seja, o desejo de proteger nossa autoestima, de querer ver a realidade como queremos que ela seja e não como ela é.

O quadro descrito até agora pode parecer severo demais. Há pessoas que se esforçam, genuinamente, por ver a realidade como ela é e são capazes de demonstrar grande honestidade intelectual que lhes permite reconhecer seus erros e ir adiante. Mas isso é a exceção e não a regra. Para que o leitor não confie apenas no que foi descrito aqui, seguem-se alguns exemplos concretos que mostram a tendência das pessoas de rejeitar o que lhes é negativo e de aceitar o que lhes é positivo.

Há várias décadas (1927), uma aluna de Kurt Lewin chamada Bluma Zeigarnik[12] verificou que as pessoas se lembram com mais facilidade de tarefas que não chegaram a completar do que daquelas que concluíram. Entretanto, verificou também que isso não ocorria quando as pessoas acreditavam que estavam se saindo mal nas tarefas interrompidas. Mais tarde Rosenzweig[13] mostrou que quando se transmitia às pessoas estudadas que a interrupção da tarefa indicava fracasso e sua conclusão, sucesso, o "efeito Zeirgarnik" – como ficou conhecida a tendência a nos lembrarmos mais de tarefas interrompidas do que das concluídas – não era encontrado entre os participantes do experimento. Faz bem lembrar de nossos sucessos e nos faz mal lembrar de nossos fracassos. Nosso "eu totalitário" se encarrega de fazer com que evoquemos mais nossos êxitos do que nossos fracassos. Em apoio à caracterização do eu totalitário, a psicologia social nos mostra que:

• As pessoas se dão crédito por seus sucessos, mas atribuem seus fracassos a causas externas.

• Pessoas trabalhando em grupo de duas tendem a culpar o companheiro quando o produto do trabalho em grupo é um fracasso, mas creditam a si o mérito pelo trabalho quando ele é exitoso.

• As pessoas se expõem a informação coerente com suas convicções, mas evitam a que as contradiz, atribuindo falsidade a estas últimas.

• Quando confrontadas com posições incoerentes, tendemos a distorcer o que dissemos anteriormente a fim de eliminar, ou pelo menos diminuir, a inconsistência.

• Somos vítimas da "ilusão de invulnerabilidade", achando que coisas ruins são mais prováveis de acontecer com os outros do que conosco.

• Somos propensos a entreter "ilusões positivas" sobre (a) nós mesmos (tendemos a nos ver de forma mais positiva do que negativa); (b) nossa capacidade de controlar as coisas (achando que temos mais controle do que de fato possuímos); e (c) nosso futuro (vemo-lo mais promissor do que sombrio).

Essas ilusões, quando moderadas, podem ser benéficas. Mas quando extremadas nos impedem de ver a realidade.

Todos esses achados de pesquisas bem controladas (e a lista acima é exemplificativa e não exaustiva) reforçam a validade do conceito de eu autoritário aqui apresentado. Ora, se assim somos, agimos autoritariamente quando discutimos e tentamos impor nossas ideias aos outros. Mais importante ainda, recusamo-nos a aceitar os fatos que não nos são favoráveis, distorcendo-os ou negando-os, numa atitude protetora de nosso eu.

2.4 A complexidade da realidade social

> *O homem tem sempre sacrificado a verdade em benefício de sua vaidade, de seu conforto e em proveito próprio.*
> Somerset Maugham

Fiske e Taylor[14], em sua obra *Social Cognition* [Cognição social], afirmam, como já foi citado previamente, que nós agimos mais como charlatães do que como verdadeiros cientistas na busca da verdade em nossas interações sociais. A realidade social é muito mais complexa do que a realidade física. Quando um físico, um químico, um biólogo e outros cientistas dedicados ao estudo da realidade física ou biológica lidam com o objeto material de seus estudos, o foco central de suas observações é a coisa estudada, enquanto, em uma interação social (como é o caso das discussões), o foco central dos observadores dos comportamentos recíprocos é o eu, a individualidade, de cada um. A individualidade de cada participante de uma discussão desempenha papel fundamental na maneira pela qual os gestos, as expressões, as verbalizações e quaisquer outros comportamentos exibidos por seu interlocutor são percebidos. Os preconceitos, a tentativa de preservação da autoestima, os valores, as emoções, os desejos, os interesses, enfim, tudo que faz parte da individualidade de cada participante de um debate, influi em seu comportamento. Não há, pois, como os participantes de uma discussão observarem a realidade social da mesma forma que um cientista natural observa a realidade física, que a ele não reage e em relação à qual ele não tem posições preconcebidas nem interesses de que elas sejam de uma ou de outra maneira. Ao verdadeiro cientista, apenas a constatação fria do que pode ser observado na natureza lhe interessa e o motiva. Não há falar-se em proteção de sua autoestima, em realização de seus desejos motivados por emoções, preconceitos, valores, atitudes etc., como acontece quando o que se busca é a realidade social, ou seja, aquela sobre a qual existe um consenso generalizado de que ela é o que é. Numa discussão, o que desejam os envolvidos é estabelecer uma realidade social definitiva e incontroversa (aquela que se coaduna com seus princípios, seus interesses e seus desejos...). Para atingirem o que desejam, eles não se acanham de agir como charlatães, torcendo os fatos para que eles confirmem suas teorias elaboradas em função de seus desejos e interesses. Por isso as discussões se eternizam, tornam-se violentas e não chegam a um acordo, pois os interesses, valores, atitudes, enfim, as cognições entretidas pelos debatedores não se coadunam e ceder à argumentação do oponente abala a autoestima da pessoa que cedeu e a obriga a reorganizar seu sistema de crenças e valores.

Vejamos a diferença entre uma interação com um objeto e com uma pessoa. Como interagimos, por exemplo, com o nosso carro? Dele nos aproximamos quando dele necessitamos para atingir determinados fins. Sabemos o que o carro (quando em perfeito estado de funcionamento) é capaz de fazer e a ele nos dirigimos sem preconceitos, valores, opiniões, preocupação com nossa autoestima e demais componentes de nossas cognições sociais. Abrimos o carro, inserimos a chave na ignição ou apertamos o botão de partida, o motor se põe em movimento; em seguida colocamos a alavanca de marchas na posição inicial, aceleramos e dirigimos o carro ao nosso destino. Tudo isso ocorre sem emoções, sem que o carro reaja por conta própria e tudo transcorre tal como esperado. Assim são nossas interações com os objetos da natureza. Situação completamente diferente ocorre quando o objeto de nossa interação é uma pessoa e não uma coisa. Assim que com ela nos deparamos, nosso arsenal de estereótipos e preconceitos, teorias implícitas sobre a personalidade alheia, expectativas e interesses entram em ação. A etnia da pessoa, sua aparência física, seu modo de falar e de agir, seu relacionamento conosco (amigo, inimigo, parte integrante de meu grupo ou de grupo distinto ou mesmo antagônico, comportamentos anteriores etc.) e, no caso das discussões, seus pontos de vista em relação ao tema em debate, tudo isso nos coloca em posição defensiva para não permitir que aquilo que postulamos seja contraditado. Ao invés da relação tranquila e previsível de nossa interação com nosso carro, a relação interpessoal que se instaura é contenciosa e imprevisível. Por que é assim? Porque as partes em discussão não podem se despir de suas individualidades e de toda a bagagem a elas associada. Seguem-se então as tentativas de evitar dissonância, de buscar harmonia, de proteger a autoestima, de satisfazer seus interesses etc. Como cada pessoa busca a mesma coisa e seus objetivos são mutuamente exclusivos, as discussões se perpetuam, as emoções se intensificam, as barreiras ao estabelecimento de um consenso são erigidas e cada pessoa fortalece ainda mais sua posição original.

Os psicólogos chamam de "erro fundamental de atribuição" a tendência que as pessoas têm de fazer atribuições disposicionais (internas) quando observam o comportamento de outras pessoas. Assim, por exemplo, quando vemos uma pessoa discutindo acaloradamente com outra, nossa tendência é categorizar essa pessoa como "agressiva". Não importa que haja características situacionais (provocação por outrem, ofensa à honra etc.) que possam explicar a reação veemente da pessoa. Para o observador, ela é uma pessoa agressiva (característica interna à pessoa) porque nós a vemos comportar-se agressivamente. Se a pessoa com quem estamos discutindo refuta nossos argumentos, é porque ela é teimosa, rígida ou pouco inteligente. Sempre há atribuições internas para o comportamento de nosso oponente na discussão, desde que isso nos ajude a ver essa pessoa como possuidora de características negativas de personalidade. Ora, a existência dessa tendenciosidade em nossa maneira de perceber dificulta uma avaliação correta da realidade, principalmente quando, numa discussão, os ânimos se exaltam e a vontade de rotular de maneira negativa o oponente se faz ainda mais saliente.

Outra tendência prevalente em todos nós é o que se chama de "egotismo" e que consiste na tendência que temos em atribuir nossos fracassos a causas externas a nós e nossos sucessos a causas internas. Por exemplo, se fracassamos numa prova procuramos culpar o professor, ou alegar que obrigações inadiáveis nos impediram de estudar, ou seja, sempre algo externo a nós como sendo o responsável por nosso fracasso. Quando, todavia, obtemos sucesso, ele é atribuído ao fato de sermos inteligentes (no caso de sucesso acadêmico), ou à nossa capacidade física (no caso de atividades desportivas). Essa tendenciosidade serve para proteger nossa autoestima, culpando fatores externos para nossos fracassos e creditando a fatores internos os nossos sucessos. Ora, numa discussão, aceitar que estamos errados é uma ameaça à nossa autoestima e a tendência egotista ou autosservidora nos leva a não aceitar a possibilidade de que isso seja verdade. E a discussão segue acalorada e cada um tentando provar que o errado é o outro.

Um mesmo fato pode suscitar atribuições diferentes quanto às causas dele. Quem observa uma ação tende a atribuir sua causa à pessoa envolvida. Assim, se uma pessoa tropeça em algo, tendemos a considerá-la desatenta e descuidada. Mas quando nós somos os atores da mesma ação (tropeçar em algo), nós tendemos a fazer atribuições a causas externas a nós (p. ex., como é que deixam uma coisa dessas no meio do caminho? Esse lugar deveria ser interditado pelos perigos que apresenta; e assim por diante). Essa tendência nos impele, numa discussão, a culpar nossos interlocutores por suas ações e a desculpar-nos quando perpetramos ação semelhante. Eles são responsáveis pelo mal feito, mas nós somos vítimas de circunstâncias externas. E isso só acirra os ânimos e impede a busca de concordância.

Mas não é só. A tendência ao "falso consenso" nos leva a acreditar que a posição que defendemos é partilhada pela maioria das pessoas. Não é raro ouvirmos de uma das partes que discutem dizer "todo mundo acha isso; não sou só eu não". Com isso, ela procura justificar sua posição invocando o "fato" (que só ela conhece...) que todas as pessoas, ou a grande maioria delas, pensa da mesma forma. É fácil ver como essa tendenciosidade cognitiva torna difícil chegarmos a um acordo quando discutimos. E o que dizer da tendência a rotular as pessoas? Direita e esquerda, por exemplo, são rótulos de utilização universal para definir a orientação política. Do momento que se diz que uma pessoa é de direita ou de esquerda, imediatamente agregamos a esses rótulos um sem-número de características a eles associados. E, ao interagirmos com a pessoa de direita ou de esquerda, filtramos seus atos de acordo com os rótulos a ela atribuídos. Se a pessoa rotulada como de direita possui um negócio, ela é percebida por seus opositores como uma exploradora do trabalho dos outros para lucro pessoal; mas se uma rotulada como de esquerda possui o mesmo negócio, ela é percebida por seus defensores como empenhada em promover a justiça social por meio da distribuição do lucro e da proteção a seus empregados.

Rotulamos as pessoas por suas posições políticas, por seu gênero, por sua raça, pela cor de sua pele, pela sua profissão etc. Nas discussões, esses rótulos vêm à tona de forma vigorosa e dificultam a aceitação da realidade que contraria os comportamentos, atitudes, preferências e tudo que esteja incluído no rótulo que colocamos nas pessoas.

Volto ao que disse no início deste capítulo. Devido às várias tendenciosidades cognitivas que influem em nossa maneira de pensar e agir, nosso principal objetivo quando discutimos é defender nossa maneira de ver o mundo. E para isso somos ajudados pelo desejo de proteger nossa autoestima e pelas distorções a que nossos interesses e tendenciosidades nos impelem, agindo mais como charlatães do que como cientistas na busca honesta da verdade.

2.5 A tendência à confirmação de julgamento

> *A tendência à confirmação de julgamento consiste em favorecer a informação congruente com nossas crenças e em descartar ou ignorar as que a elas se contrapõem.*
> Nancy Digdon

Pela caracterização do que é a tendência à confirmação de julgamento citada na epígrafe deste capítulo, vê-se claramente que ela dificulta aceitarmos argumentos que contradizem nossas crenças. E, como vimos na seção anterior, em defesa de nossos pontos de vista agimos mais como charlatães do que como cientistas, sua relevância para a inutilidade das discussões é, portanto, óbvia.

A honestidade intelectual exige que as pessoas em debate estejam dispostas a ouvir e a examinar honestamente os argumentos da pessoa com quem discutem. A tendência à confirmação de julgamento interfere com ambas essas condições necessárias a uma discussão intelectualmente honesta, pois, se há uma discussão, as pessoas têm posições distintas em relação a determinado assunto. Ora, se cada argumento apresentado em defesa da convicção de uma das pessoas em debate é de pronto rejeitado ou ignorado pela outra em função da tendenciosidade aqui considerada, cada uma se apega mais e mais a seus pontos de vista e a discussão se torna inútil, pois os fatos reais serão vistos à luz da perspectiva de cada pessoa e não necessariamente como são. Há casos em que os fatos são suscetíveis de interpretações distintas, como ocorre, por exemplo, nas discussões jurídicas sobre os objetivos e o alcance dos estatutos legais. Entretanto, a tendenciosidade à confirmação do julgamento está sempre presente, mesmo quando os fatos são os mais objetivos possível. Vejamos a seguir algumas indicações da existência dessa tendenciosidade.

Quando um profissional submete um artigo a uma revista científica, seu nome é omitido quando o artigo é avaliado. A razão principal disso é evitar que tendenciosidades cognitivas (p. ex.: busca de consonância, busca de harmonia etc.) e, entre elas, a tendência à confirmação de julgamento, interfiram na avaliação do artigo. Se as crenças do revisor em relação a determinado autor são positivas, isso o instigará a gostar do artigo e vice-versa, pois ele terá dificuldade em aceitar uma realidade que contradiga seu julgamento do autor.

Em estudo clássico, Rosenhan[15], que era psiquiatra, e mais sete pessoas (três psicólogos, um estudante de pós-graduação, um pediatra, um pintor e uma dona de casa) simularam sinais de esquizofrenia numa entrevista de admissão a 12 hospitais psiquiátricos. Após serem admitidas e "rotuladas" como esquizofrênicas, essas pessoas se comportaram de maneira absolutamente normal, anotando o que se passava e fingindo tomar a medicação que lhes era dada. O período de hospitalização durou de 7 a 52 dias (!) e, quando liberadas, essas pessoas foram consideradas "esquizofrênicas em remissão", com exceção de um paciente que foi diagnosticado como maníaco-depressivo. Isso mostra a força da rotulação na percepção das pessoas. Uma vez consideradas esquizofrênicas, tornou-se difícil aos médicos não verem essas pessoas como tais, não obstante seu comportamento ter sido absolutamente normal após a simulação dos sintomas.

O estudo ilustra como é difícil nos livrarmos dos rótulos que colocamos nas pessoas. Uma vez colocado o rótulo, buscamos avidamente indicações que sejam coerentes com ele. A tendência a julgarmos as pessoas faz com que muito dificilmente alguém nos convença, numa discussão, que nosso julgamento foi inadequado, pois rechaçamos as informações que o contradizem e nos apegamos a sinais que o confirmam, por mais fracos que eles sejam.

Outra investigação levada a efeito por Rosenthal e Jacobson[16] também nos mostra como, uma vez feito um julgamento, a ele nos atemos e passamos a agir como se ele fosse absolutamente verdadeiro. Esses investigadores separaram aleatoriamente estudantes de uma escola, no início do ano letivo, em dois grupos. Em seguida disseram a um professor deles que, baseado em testes a eles aplicados, num dos grupos foram colocados os alunos mais inteligentes e promissores e, no outro, os menos dotados e com menos capacidade de se destacarem nos estudos. Embora (sem que o professor soubesse) a composição dos grupos tivesse sido feita de forma aleatória, no fim do ano os alunos do grupo considerado superior obtiveram melhor desempenho acadêmico dos que integravam o grupo descrito como inferior. O julgamento (errôneo) comunicado ao professor fez com que ele se envolvesse numa profecia autorrealizadora, ou seja, comportando-se de tal forma com os alunos que a expectativa se tornaria mais provável de se realizar. Mais uma indicação, pois, de como é difícil sermos objetivos quando firmamos um julgamento acerca de algo.

2.6 A tendência a enganar a nós mesmos

> A motivação se sobrepõe
> à razão.
> Harry Triandis

Um dos fatores que concorre fundamentalmente para a inutilidade das discussões é o fato de que o que queremos que seja (motivação) se sobrepõe ao que de fato é (conhecimento). Ao entrarmos numa discussão, nós queremos que *aquilo que desejamos* seja aceito como realidade pela pessoa com quem discutimos. No afã de tornar realidade os nossos desejos, nós nos autoenganamos. Em seu livro *Fooling ourselves* [Enganando a nós mesmos], Triandis[17] apresenta vários exemplos concretos de como a motivação se sobrepõe ao conhecimento. Vejamos alguns deles:

a) Segundo um agente do serviço de inteligência italiano, um indivíduo chamado Rocco

Martino inventou, a fim de ganhar dinheiro, que Saddam Hussein estava obtendo material necessário para desenvolver bombas atômicas em Níger. Tendo amigos na Embaixada de Níger em Roma, Martino conseguiu documentos oficiais que validavam sua história e os entregou, em troca de vantagens materiais, aos serviços de inteligência italiano, britânico e americano. Como a CIA desconfiou da autenticidade da informação, solicitou ao serviço de inteligência francês que verificasse sua validade, já que Níger havia sido uma colônia francesa e os franceses tinham bom relacionamento com o governo nigerino. O serviço de inteligência francês informou que não havia nada que provasse que Hussein estava comprando material radioativo em Níger. Entretanto, como a administração do presidente George Bush desejava fortemente ter uma justificação para invadir o Iraque e derrubar Saddam Hussein, agarrou-se com unhas e dentes a essa informação e, no discurso sobre o Estado da União em 2002, afirmou que o serviço de inteligência britânico havia "confirmado" que de fato o Iraque estava comprando material radioativo em Níger. O desastre que se seguiu à invasão do Iraque decorreu da necessidade de transformar um desejo em fato real. A motivação a obter uma justificação para a guerra fez com que o governo americano ignorasse a CIA e acreditasse na informação que desejava, transformando um desejo em fato concreto.

b) Na Bolívia, muitas pessoas consideram Che Guevara um "santo" e rezam a ele para obter graças. O fato de Guevara ser ateu e marxista convicto não impediu que ele fosse transformado em "santo" para satisfazer o desejo das pessoas que tinham fé e que necessitavam convertê-lo em "santo" para poder pedir sua intercessão em suas orações. Mais uma vez o desejo de que algo seja da maneira que se quer faz com que a lógica e a racionalidade fiquem em segundo plano.

c) Até mesmo gênios reconhecidos por toda a humanidade, tais como Max Plank (proponente da teoria dos *quanta*), Wilhelm Wundt (criador do primeiro laboratório de psicologia experimental) e mais 91 cientistas alemães assinaram um manifesto onde negavam veementemente ter o exército nazista se excedido em brutalidades na invasão da Bélgica. Afirmaram ser a Alemanha o berço de pessoas do calibre de Goethe, Kant e Beethoven e que jamais seria capaz de cometer as atrocidades que lhe eram atribuídas. A realidade foi deturpada para atender ao desejo de proteger a reputação da Alemanha.

d) Apesar das provas existentes do aquecimento global e do reconhecimento do fato pela quase totalidade da comunidade científica, ainda há pessoas que negam a evidência dos fatos para que seus interesses econômicos não sejam prejudicados.

Continuam assim as pessoas a se autoenganar, desprezando os fatos e acreditando naquilo que atende a seus interesses e a seus desejos. Se assim é, como pode ser útil uma discussão em que os fatos são ignorados em benefício dos interesses e desejos pessoais?

2.7 *As falhas de nossa memória*

> *Você não se lembra do que acontenceu. O que você se lembra se transforma no que aconteceu.*
> John Green

A memorização dos acontecimentos a que somos expostos é um processo psicológico complexo. Pela memória, nosso cérebro registra um acontecimento, guarda-o e mais tarde o traz à tona novamente. Acontece que esse processo não é igual a registrar-se um acontecimento por intermédio de uma máquina fotográfica e revê-lo mais tarde. Registrar, codificar e evocar um acontecimento por meio de nossa memória é um processo sujeito a distorções em todas as suas etapas. Ao registrar um acontecimento, nem sempre o captamos em sua plenitude, ou seja, o registramos como uma máquina fotográfica, mas sim privilegiamos certos aspectos em detrimento de outros; o armazenamento do acontecimento pode ser corrompido por fatores orgânicos associados ao funcionamento cerebral e pela atenção a novos estímulos; e a evocação do acontecimento guardado na memória pode também ser afetada por deterioração orgânica e/ou interferência de fatores psicológicos, tais como emoções, interesses, tendenciosidades cognitivas etc.

Numa discussão acalorada, com forte envolvimento do eu, os fatos lembrados para fundamentação dos argumentos apresentados podem facilmente ser alterados de acordo com o desejo do debatedor em ver sua tese prevalecer. Isso ocorre sem que a pessoa queira intencionalmente distorcer os fatos evocados. Daí a afirmação constante da epígrafe desta seção, segundo a qual *o que de fato aconteceu* é substituído pela *evocação do que aconteceu*. Ora, numa discussão, é a evocação do que aconteceu que serve de base para a argumentação dos nela envolvidos. Essa evocação é influenciada por fatores psicológicos que transformam a realidade de forma tal que ela passa a servir aos interesses e objetivos da pessoa envolvida na discussão. Vejamos um exemplo. Suponhamos que a discussão gire em torno de um tema político que está sendo debatido por uma pessoa "de esquerda" e uma "de direita". Suponhamos ainda que o debate gire em torno do que ocorreu no Brasil no dia 31 de março de 1964. A pessoa de direita terá registrado em sua memória o noticiário sobre o início da Revolução, o que foi dito acerca das finalidades do movimento, o apoio da maioria da população e o anúncio do triunfo dos revolucionários. A de esquerda se lembrará possivelmente dos mesmos fatos. Entretanto, enquanto os "fatos" registrados pela pessoa de direita foram codificados na memória associados a emoções de alegria, alívio e mesmo euforia, os "fatos" memorizados pela de esquerda foram codificados em sua memória associados a emoções de tristeza, frustração, revolta e até desespero. Esses "fatos" foram armazenados na memória de ambas as pessoas e, provavelmente, evocados de tempos em tempos. Nos momentos em que foram evocados, esses "fatos" foram novamente associados a emoções diferentes por essas pessoas, positivas para uma e negativas para outra. Muito provavelmente, os "fatos" sofreram novas distorções e foram novamente armazenados na memória.

Imaginemos agora a situação em que essas duas pessoas se envolvem numa discussão *sobre o que ocorreu no dia 31 de março de 1964*. Não é de estranhar que suas lembranças do que ocorreu naquele dia refletirão o que está armazenado em suas memórias. Mas suas memórias não registraram os fatos tal como uma máquina de filmar os faria, mas sim como suas posições políticas os distorceram a fim de torná-los coerentes com estas últimas. Daí os "fatos" que uma delas se lembra diferirem dos "fatos" que a outra recorda. E a discussão entre elas se perpetua, cada uma querendo convencer a outra de que sua versão dos "fatos" é a verdadeira. As recordações dos "fatos" se transformam *no que aconteceu*, quer isso tenha *de fato* ocorrido ou não. Sem isenção e honestidade intelectual na consideração do que de fato ocorreu, os "fatos" continuarão sendo em função do que a memória de cada um determina.

2.8 A reação à tentativa de persuasão

> *As pessoas geralmente são persuadidas mais pelas razões que elas mesmas descobrem do que por aquelas apresentadas por outrem.*
> Blaise Pascal

Os estudiosos das técnicas de persuasão sabem muito bem que, para uma tentativa de persuasão ser exitosa, é preciso que o persuasor use de sutileza e evite transmitir ao alvo da comunicação persuasiva sua intenção de persuadi-lo. Em outras palavras, o alvo da persuasão deve pensar que não está sendo persuadido, mas sim aderindo por livre e espontânea vontade ao desejo do persuasor.

Ora, nas discussões, a intenção de persuadir a pessoa com quem discutimos é óbvia. Isso provoca um fenômeno psicológico que Jack Brehm[18] denominou "reatância psicológica". Esse fenômeno consiste na tendência que temos de rejeitar toda e qualquer tentativa de cerceamento de nossa liberdade. Quando alguém quer nos convencer de alguma coisa, há uma ameaça à nossa liberdade de manter nossas crenças, atitudes, comportamentos e opiniões. E isso constitui mais uma razão psicológica para que resistamos a aceitar a posição alheia e para que a discussão se torne inútil.

Se conseguirmos fazer com que a pessoa com quem discutimos se convença por si mesma de que nossa posição é a correta, ela concordará conosco sem sofrer ameaça à sua autoestima ou ao seu sistema de crenças e valores. Elliot Aronson, destacado psicólogo social e especialista na teoria da dissonância cognitiva de que falamos anteriormente, mostrou convincentemente, por meio de vários experimentos, como a autopersuasão nos leva a mudar de comportamento[19]. A técnica por ele usada consistia em provocar dissonância na pessoa-alvo da comunicação persuasiva de forma tal que, para resolver a dissonância, ela se convencia de que deveria mesmo fazer o que, veladamente, o persuasor desejava. Um de seus experimentos[20] consistiu no seguinte: moças que saíam de uma piscina bastante clorada eram solicitadas a ler um texto de um cartaz defendendo a necessidade de se tomar banhos mais curtos para economizar água. A metade desse grupo foi solicitada a simplesmente ler o cartaz; a outra metade foi solicitada a escrever seu nome em um abaixo-assinado de apoio que seria divulgado amplamente ao lado do cartaz. Além disso, metade das moças de cada grupo foi solicitada a recordar ocasiões em que tomou banhos demorados. Tomar longos banhos seria fortemente dissonante para o grupo que assinou o abaixo-assinado e que foi solicitado a recordar as vezes em que tomou banhos demorados (grupo de dissonância máxima); o grupo em que a dissonância seria mínima, ou mesmo inexistente, era o grupo que não foi solicitado a pôr seu nome no abaixo-assinado e que não foi solicitado a recordar instâncias em que tomou longos banhos (grupo de dissonância mínima). Uma aliada dos experimentadores se encontrava no vestiário e cronometrava a duração dos banhos das participantes do estudo. Os resultados mostraram que o grupo de dissonância máxima gastou metade do tempo despendido pelo grupo de dissonância mínima em seus banhos! (pouco mais de 3 minutos no grupo de dissonância máxima e 7 minutos nos de dissonância mínima). Ou seja, a maneira de reduzir a dissonância entre ter se comprometido a favor de tomar banhos mais rápidos para economizar água e de ter recordado que tomava banhos longos era passar a tomar banhos mais rápidos, pois dizer o contrário seria hipocrisia, o que é dissonante. Esse era, exatamente, o objetivo da persuasão.

Esse exemplo ilustra como a persuasão que faz com que o seu alvo decida por si mesmo adotar o comportamento desejado pelo persuasor (evitando, assim, reatância psicológica) tem maiores probabilidades de atingir seu objetivo. Aplicando-se isso às discussões, é provável que se uma das pessoas nelas envolvidas evitar reatância na outra, suas chances de fazer prevalecer seu ponto de vista serão maiores.

Jacobo Varela[21], tecnólogo social uruguaio, utilizava essa tática em suas tentativas de persuasão. Para evitar reatância por parte da pessoa-alvo da persuasão, ele fazia afirmações que ele sabia que iam ser rejeitadas por ela e que, paulatinamente, conduziam essa pessoa a chegar ao que ele queria por meio de redução de dissonância. Mais especificamente, ele provocava reatância afirmando coisas que ele sabia seriam rejeitadas pelo alvo da persuasão. Como as afirmações que fazia eram o oposto do que o persuasor desejava que o alvo da persuasão rejeitasse, ele o induzia a afirmações que, caso não fossem acompanhadas de comportamentos a elas correspondentes, a pessoa entraria em dissonância. Para resolver a dissonância, ela se comportava de acordo com o que afirmou por força de reatância psicológica.

A estratégia sugerida pela tecnologia social é a de induzir o alvo da comunicação persuasiva a estados de dissonância por meio da provocação de reatância psicológica. Esta é produzida pela tentativa de impor certas atitudes ou crenças sobre as pessoas. Tentando impor o oposto do que se quer obter, canalizam-se as forças de reatância psicológica na direção desejada. Ao tentar recuperar a liberdade ameaçada pela adoção de uma posição contrária à imposta pelo persuasor, a pessoa entra em um estado de dissonância. Ela resolve esta dissonância mudando sua maneira de pensar acerca da posição em questão: isto é, se ela era contra o conteúdo da asserção, uma vez que lhe é imposto e ela reage por reatância, ela passa a ser favorável a tal conteúdo. Manejando, portanto, reatância e dissonância no sentido de obter as posições desejadas, o tecnólogo social chega a seu objetivo. Por exemplo: se o persuasor quer convencer uma pessoa a parar de tomar drogas, ele faz afirmações como as seguintes: (1) Você pode continuar tomando drogas porque isso não faz mal à saúde, não é? (2) Você não corre risco de viciar-se, pois pode parar a qualquer momento, não é assim? (3) As drogas são caras mas você tem meios financeiros de comprá-las, não é verdade? E assim por diante. Para recuperar sua liberdade de pensar ameaçada, o alvo da persuasão responde não a essas afirmações. Ao fazê-lo, ele entra em dissonância com o comportamento de consumir drogas. A maneira de reduzir a dissonância é parar de usá-las. A técnica é complexa, mas o importante a ser salientado é que ela utiliza processos psicológicos para lograr que o alvo da persuasão chegue ao que o persuasor deseja por si mesmo, sem parecer que está tendo sua liberdade ameaçada por imposição do persuasor.

A tecnologia social de Varela é invocada aqui para mostrar que uma tentativa de persuasão, para ser eficaz, deve ser sutil e fazer com que o alvo da comunicação persuasiva se sinta responsável por aceitá-la e não forçado a isso. Tal sutileza raramente ocorre nas discussões acaloradas, onde a intenção de convencer o opositor é óbvia.

2.9 A tendência a não reconhecer que erramos

> *Um princípio básico que aprendi nos meus anos no Times é que quase ninguém admite estar errado acerca do que quer que seja – e, quanto mais errados, menos dispostos estão a admitir o erro.*
> Paul Krugman

O primeiro obstáculo psicológico à utilidade das discussões mencionado no início deste capítulo foi o incômodo que a incoerência nos causa. A teoria da dissonância cognitiva foi invocada para explicar o porquê de negar que estamos sendo incoerentes. Em nossas decisões, em nossa exposição a informações e na busca de preservação de nossa autoestima, estamos sempre procurando evitar ou diminuir a dissonância causada por parecermos incoerentes. Essa mesma teoria nos explica também por que procuramos sempre justificar nossos erros.

A história está repleta de exemplos de pessoas que, ao cometerem um erro, se recusam a admiti--lo e se empenham em justificá-lo, pois reconhecer que erraram gera dissonância e a maneira de resolvê-la é mostrar de alguma forma que não erraram. É fácil ver a relevância dessa tendenciosidade para a inutilidade das discussões. Se não erramos, como podemos reconhecer numa discussão que nosso interlocutor, que defende posições opostas às nossas, poderá estar com a razão?

Na obra de Tavris e Aronson[22] *Mistakes were made (but not by me)* [Erros foram cometidos (mas não por mim)], os autores apresentam numerosos exemplos ao longo da história onde pessoas em cargos de alta responsabilidade cometeram erros de graves consequências, mas que se recusaram a admiti-los. Alguns foram ainda mais longe não só se recusando a reconhecê-los, mas justificando-os de forma veemente. Daí dizerem esses autores que o esforço de se justificar diante de nossos erros é pior do que tentar distorcer a realidade por meio de uma mentira, pois, no esforço de se autojustificar, nós nos convencemos de que o que fizemos é, de fato, certo. A mentira é consciente, enquanto a autojustificação, não. Se nem sequer reconhecemos que erramos, como poderemos nos corrigir no caso de estarmos, de fato, equivocados?

Trigo[23], em artigo citado anteriormente, diz:

> Outro traço distintivo do caráter nacional no século XXI é a obstinada recusa de reconhecer um erro.

Eu diria que essa característica transcende fronteiras, sendo universal. Seguem-se alguns exemplos de esforços para justificar erros claramente comprovados pelos fatos. Recordemos que dois exemplos eloquentes da tendência à autojustificação foram mencionados na seção 2.1 deste capítulo, quando foi abordada a questão do incômodo que a incoerência nos causa (a insistência de George Bush e seus auxiliares em justificar a invasão do Iraque em 2003 alegando a existência de armas de destruição em massa por parte de Saddam Hussein e a incapacidade de a Sra. Keech, líder religiosa que previu a destruição do mundo por um dilúvio no dia 21 de dezembro de 1954, reconhecer que havia errado quando isso não ocorreu). O fato de tais armas nunca terem sido encontradas e de a previsão do fim do mundo não ter se concretizado só fez com que a administração Bush e a Sra. Keech se esforçassem ainda mais para convencer as pessoas de que não haviam errado. Vejamos alguns outros exemplos a seguir.

Juízes e promotores que condenaram (erroneamente) à prisão pessoas que foram, anos depois, exoneradas de culpa devido à evidência inconteste do DNA ou por confissão expressa do verdadeiro criminoso, se recusam a reconhecer que erraram. Nos Estados Unidos encontramos numerosos exemplos desse fenômeno de autojustificação que impedem que os que erraram reconheçam seu erro. O leitor interessado encontrará na obra de Tavris e Aronson acima citada (cap. 5) extensa lista de casos verídicos em que os responsáveis pela apuração de crimes erraram gravemente e se recusaram a reconhecer seu erro.

Profissionais dedicados a aconselhamento de casais verificam com frequência que, quando em conflito, marido e mulher tendem a responsabilizar seu cônjuge pelas dificuldades do casal. Cada um é capaz de apontar os erros do outro, mas jamais reconhecem seus próprios, sempre encontrando "razões" para justificá-los. Uma das maneiras mais frequentes de uma pessoa casada se auto-justificar é atribuir seus erros a causas externas e incontroláveis e, os erros de seu cônjuge, a causas internas e controláveis. Em outras palavras, seus erros são involuntários; enquanto os do cônjuge, intencionais. E a espiral do conflito tende a crescer e a probabilidade de o casal se separar parece a única alternativa possível.

Entre os políticos, o recurso à autojustifica-ção é rotina. Ninguém reconhece seus erros. E isso é universal. Nos Estados Unidos a incapa-cidade de admitir erros atingiu o paroxismo na era Trump. Tendo conseguido que seu partido o siga sem crítica, considerando-o infalível, o partido de Trump atingiu o auge do ridículo, abandonando por completo o respeito aos mais elementares princípios de decência, de moralidade e de racionalidade, deixando o resto do mundo em estado de absoluta perplexidade. Como já foi dito anteriormente, Trump é um caso eloquente de narcisismo patológico. Ora, o narcísico não admite errar. Além de se autojustificar, ele recorre a mentiras para dizer que não errou. Isso faz com que erros sejam perpetrados diariamente e a máquina do governo passe a maior parte de seu tempo a mentir e a justificá-los. No Brasil, o Rio de Janeiro está em estado de calamidade pública. Os políticos do Estado não são capazes de admitir que foram negligentes no trato da coisa pública. Hospitais, escolas, saúde pública, trânsito, segurança, transporte, proteção das encostas – tudo na maior precariedade e deterioração. Mas ninguém cometeu erro algum. Tudo isso decorre, segundo eles, da existência de problemas imprevisíveis e inevitáveis de uma cidade grande. E a população segue desamparada, desesperada, amedrontada e impotente, vítima que é dos erros e omissões dos governantes que se recusam a reconhecê-los por incompetência e para proteger sua autoestima por meio de autojustificação.

A tendência a se autojustificar é muito forte e, como é fácil de perceber, concorre fortemente para a inutilidade das discussões. Para que uma discussão seja útil, o pressuposto indispensável é que as pessoas que discutem estejam abertas à possibilidade de estarem erradas. Se ninguém admite a possibilidade de estar errado, para que discutir? As discussões inúteis nada mais são do que uma oportunidade para que as pessoas nelas envolvidas defendam suas posições, certas de que elas não vão mudar. O resultado dessas discussões é que cada pessoa sairá delas ainda mais convicta da correção de seus pontos de vista e da incorreção dos de seu adversário.

Segundo Drew Western[24], áreas do cérebro responsáveis pelo raciocínio são bloqueadas quando enfrentamos uma situação de dissonância. Mas isso não deve servir de desculpa para que as pessoas não reconheçam seus erros. Como dizem Tavris e Aronson na obra acima citada, o hábito de se autojustificar pode ser quebrado com um melhor entendimento de como funciona nossa mente. Como este livro tem salientado, as tendenciosidades cognitivas aqui apresentadas são normais e fortes, mas podem ser controladas por meio do conhecimento de sua existência e de como elas atuam e por um sincero esforço para neutralizar seus efeitos. A existência dessas tendenciosidades não pode servir de desculpa para que continuemos a errar.

Tavris[25] ilustra o processo de autojustificação da seguinte maneira: quando duas pessoas discordam, elas podem ser representadas como estando em lados opostos do ápice de uma pirâmide, isto é, as divergências existem (cada uma de um lado), mas estão relativamente próximas uma da outra. Ao se darem conta da divergência e começarem a discutir, cada uma inicia o processo de autojustificação de sua posição, o que aumenta o distanciamento entre elas. Podem agora ser representadas como estando em lados opostos no meio da pirâmide, o que indica que suas posições estão mais distantes uma da outra. Ao final da interação, a tendência de cada uma a justificar sua posição faz com que elas passem a ocupar os pontos extremos da base da pirâmide, caracterizando assim a acentuada divergência entre suas posições resultante do processo de autojustificação e radicalização das posições iniciais. Trata-se de algo semelhante ao que vimos anteriormente (seção 2.1), quando temos que escolher entre duas alternativas semelhantes em atratividade. Após a decisão, tendemos a valorizar a alternativa escolhida e a desvalorizar a rejeitada, o que resulta em elas se distanciarem uma da outra em termos de atratividade para nós. A pequena diferença em atratividade anterior à decisão passa, depois, a ser mais acentuada. Se as alternativas estavam no ápice da pirâmide (semelhantes em atratividade) antes da decisão, após a decisão passam a ocupar a base dela, mostrando que diferem significativamente em atratividade. É semelhante ao que ocorre quando consideramos a posição de pessoas com posições diferentes e o que se segue após a influência do fenômeno de autojustificação, tal como representado na figura 1.

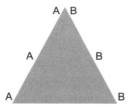

Figura 1 – Radicalização das posições de A e B ao longo do processo de autojustificação

A figura 1 ilustra a força da tendência das pessoas a justificar suas posições. No momento em que elas entram em choque, como vimos acima, a divergência entre elas existe; entretanto, à medida que a discussão prossegue, a distância entre elas vai aumentando em decorrência do empenho dessas pessoas em arrolar argumentos justificadores de suas respectivas posições, as quais se tornam mais e mais extremas. É por isso que, paradoxalmente, uma discussão, ao invés de resultar em consenso, suscita justamente o contrário, ou seja, a polarização ainda maior das posições divergentes. A tendência a não admitir nossos erros é um forte obstáculo à utilidade das discussões.

2.10 Distorções decorrentes de estereótipos e preconceitos

> *Quando um homem faz uma asneira, logo se diz: "Como ele é idiota!" Quando uma mulher a faz, dizemos: "Como as mulheres são idiotas!"*
> Anônimo

Estereótipos constituem a base cognitiva do preconceito. São as crenças sobre características específicas que atribuímos a pessoas ou grupos. Etimologicamente, deriva de duas palavras gregas: *stereos* e *týpos,* significando *rígido* e *traço,* respectivamente.

Vimos anteriormente que somos "avaros cognitivos", isso significando que tendemos a simplificar a realidade social, sempre preferindo recorrer à atividade cognitiva que nos exija menos trabalho. O estereótipo serve exatamente para isso. Ao rotularmos pessoas ou grupos não precisamos mais nos esforçar para entender suas nuanças, pois essas pessoas e grupos já estão caracterizados pelo estereótipo que lhes é aplicado. Assim, a pessoa preconceituosa considera os negros preguiçosos e ignorantes; certos povos, sujos e primitivos, e assim por diante. Não é preciso pensar para entender o objeto de seu preconceito. O estereótipo que lhe serve de base já os define definitivamente.

Também vimos que no estudo conduzido por Rosenhan e associados que, uma vez que as pessoas normais foram rotuladas como esquizofrênicas, nada que elas fizessem as livrariam de serem consideradas portadoras de doença mental.

A força do estereótipo pode ser vista claramente no famoso relato da Professora Jane Elliott, que, no final dos anos de 1960, ministrava suas aulas numa pequena cidade no interior de um estado norte-americano. Seus alunos eram da zona rural, todos brancos e católicos e, no entender da Professora Jane, sem nenhuma ideia real do significado do preconceito e do racismo. Pois ela decidiu ensiná-los. Um dia, dividiu a classe em duas, tomando por base a cor dos olhos. Olhos castanhos para um lado, olhos azuis para o outro. Em seguida "explicou" aos alunos que os segundos eram comprovadamente melhores do que os primeiros: mais espertos, confiáveis, bonzinhos etc. Para marcar a diferença, fez com que os de olhos castanhos usassem um colar no pescoço para tornar sua "inferioridade" mais visível. Além disso, nesse dia, os de olhos azuis tiveram recreio mais longo, elogios em sala de aula, doces extras na cantina, entre outras regalias. Em menos de meia hora Elliott alega ter criado uma miniatura de sociedade preconceituosa. Os alunos que até então se davam normalmente, romperam entre si. Os de olhos azuis passaram a tripudiar dos seus colegas "inferiores", recusaram-se a brincar com eles e até sugeriram à professora formas adicionais de punição, além de outras restrições. Não faltou nem uma tradicional briga corporal entre membros dos dois grupos. O grupo "inferior" mostrou-se mais deprimido, com pouca moral, saindo-se inclusive pior nos testes feitos ao final da aula. No dia seguinte, uma surpresa: a professora confessou ter-se enganado, e que na verdade o grupo superior era o dos olhos castanhos. Em seguida pediu que estes colocassem os colares nos "novos inferiores". Nesse dia, os comportamentos observados anteriormente simplesmente mudaram de lado. O experimento foi encerrado na manhã do terceiro dia, quando a professora desfez toda a história, mostrando que tinha procurado fazer com que eles sentissem na pele o verdadeiro significado do preconceito e da discriminação. Seguiu-se um debate entre todos os alunos participantes. Para encerrar a descrição desse elucidativo experimento, cabe ainda uma citação adicional. A criativa Professora Jane Elliott diz ter reencontrado boa parte destes estudantes vinte anos depois e que eles guardavam vividamente em suas memórias aqueles dias em que a cor dos olhos foi tão decisiva. Mais importante ainda: sentiam-se menos preconceituosos do que seus vizinhos, colegas atuais de profissão etc. pelo fato de terem passado por aquele experimento, complementando que, em sua opinião, todas as crianças deveriam passar pelo mesmo teste. Quando eu estudava nos Estados Unidos, um brasileiro meu amigo me disse certa vez que, naquele país, um estudante sul-americano é ruim até que prove que é bom; já um estudante europeu ou dos países do leste da Ásia é bom até que prove que é ruim. De fato, tais estereótipos acerca das pessoas oriundas desses países são partilhados pela maioria dos americanos. Ao discutir sobre a qualidade do que vem da América Latina e do que vem da Europa ou dos países do Leste Asiático, é óbvio que esses estereótipos irão estar ativos na discussão, dificultando chegar-se a um acordo. Uma vez atribuído um rótulo a uma pessoa, ela pouco pode fazer para evitar que suas opiniões sejam filtradas pelo rótulo e percebidas pelos rotuladores como confirmadoras do estigma que lhe foi conferido. Se ela diz algo que não se coaduna com o estigma, ela é considerada mentirosa e cínica. Apenas comportamentos coerentes com o estereótipo ou rótulo conducente ao estigma são percebidos como autênticos e sinceros. Poderá uma discussão entre uma pessoa estigmatizada e aquelas que a estigmatizaram ter alguma utilidade? Obviamente não. A emoção decorrente do estereótipo se sobrepõe à razão e o bom-senso, o respeito aos fatos e o apreço à verdade são relegados a segundo plano.

2.11 Conclusão

As tendenciosidades psicológicas comentadas neste capítulo foram comprovadas em inúmeras pesquisas. Nós somos impelidos por elas. Claro que é possível a elas resistir por meio de um esforço consciente de aceitar a realidade dos fatos. A tese deste livro é a de que, numa discussão acalorada, é muito difícil resistir à força de tais tendenciosidades, pois elas muitas vezes se sobrepõem à razão, tornando assim inútil esse tipo de discussão.

Como será visto no próximo capítulo, vivemos numa época em que os fatos são constantemente desrespeitados; a verdade objetiva é questionada e substituída pela "verdade" subjetiva de cada um; as *fake news* têm livre-trânsito nas redes sociais e em meios de comunicação inidôneos; e pessoas que ocupam cargos políticos importantes não mostram nenhum sinal de vergonha ao mentir descaradamente para que sua versão dos fatos prevaleça. Nessa cultura da pós-verdade que escarnece da verdade objetiva de fatos irrefutáveis, as tendenciosidades cognitivas mencionadas neste capítulo encontram terreno fértil para mostrar toda a sua força na proteção de nossa autoestima por meio da distorção dos fatos a nosso favor. E as discussões acaloradas continuam reforçando as crenças e valores dos que nelas se engajam e acentuando cada vez mais a polarização entre o "nós" contra os "outros", que é uma característica dos dias de hoje.

3
O desrespeito aos fatos

*Se os fatos são contra mim,
pior para os fatos.*
Nelson Rodrigues

*O conceito de verdade está
desaparecendo. As mentiras
passarão para a história.*
George Orwell

O capítulo anterior mostrou que há vários fatores psicológicos que nos levam a rejeitar fatos que contrariam nossas tendenciosidades cognitivas. Vimos que isso ocorre a fim de reduzir dissonância, buscar harmonia nas relações interpessoais, proteger nossa autoestima, poupar-nos de reestruturação cognitiva penosa, acreditar apenas em fatos que confirmam nossas posições, recorrer ao autoengano para atender a nossos desejos e resistir à persuasão. Vimos ainda que temos uma memória seletiva, que registra os fatos que nos são favoráveis e esquece os que não o são, que procuramos sempre justificar nossos pontos de vista, o que nos impede de reconhecer quando erramos e, ainda, que nossos estereótipos dificultam nossa visão da realidade. Essas tendenciosidades permitem que nossas emoções e interesses se sobreponham à nossa razão quando participamos de discussões acaloradas. Todos esses são fatores de natureza psicológica que nos impelem a distorcer a realidade. Mas os fatos são desrespeitados, com a consequente distorção da realidade, ainda por outras razões, como veremos a seguir.

Nos regimes despóticos, quer sejam eles de direita ou de esquerda, a realidade é alterada a fim de que *fatos alternativos* favoráveis ao déspota sejam considerados verdadeiros. Assim foi no nazismo de Hitler, no fascismo de Mussolini, no comunismo de Stalin, Mao Tsé-Tung, Fidel Castro e Hugo Chávez, apenas para citar alguns exemplos. A distorção dos fatos por meio de mentiras deslavadas, negação de culpa e propaganda desonesta são instrumentos utilizados por todos os ditadores para ocultar fatos verdadeiros que lhes são desfavoráveis e tentar convencer a opinião pública da veracidade de fatos alternativos que servem para preservar seus regimes ditatoriais. Daí a necessidade absoluta de uma imprensa livre e honesta e de um judiciário independente nos regimes democráticos. Sem eles, os fatos alternativos permanecem incontestes e flagrantes medidas de obstrução de justiça se verificam. É por isso que os déspotas começam sua trajetória pela abolição ou, pelo menos, desmoralização da imprensa e do judiciário independentes. Regimes autoritários não podem conviver com uma imprensa livre capaz de desmascarar suas mentiras ou com um judiciário independente capaz de impedir seus arbítrios. Por mais paradoxal que pareça, nos Estados Unidos de Donald Trump, um presidente com claras inclinações totalitárias, iniciou-se um processo de descrédito da imprensa livre e de tentativas claras de obstrução de justiça. A imprensa é acusada de veicular *fake news* (que, para Trump, são *todas as notícias que lhes são desfavoráveis...*), pessoas no judiciário com poder de incriminar o presidente são demitidas ou ameaçadas, juízes claramente favoráveis ao presidente são nomeados e afrontas ao poder de verificação e supervisão do Congresso são perpetradas. O fato de mentir de forma contumaz (16.241 afirmações mentirosas ou enganadoras de janeiro de 2017 a janeiro de 2020 como vimos anteriormente) e de rotular como falsa qualquer notícia desabonadora de sua pessoa ou a seu governo faz com que muitas pessoas responsáveis se mostrem preocupadas com a preservação da democracia americana, por exemplo, Paul Krugman[1], Frank Bruni[2], Thomas Friedman[3], David Brooks[4], Brian Klaas[5], David Frum[6], Steven Levitsky e Daniel Ziblatt[7], David Johnston[8] e muitos outros que se manifestam em livros e em editoriais de influentes jornais americanos.

O desrespeito aos fatos nos governos autoritários obedece a um procedimento padrão que consiste em: (1) mentir sem escrúpulos; (2) acusar enganosamente a imprensa livre de veicular *fake news* (notícias intencionalmente falsas) apesar de serem verdadeiras; (3) alijar de posições importantes todas as pessoas que não se declararem totalmente leais aos objetivos do governo; (4) obstruir a justiça por meio de demissões, ofensas a juízes e substituição destes últimos por outros que sejam de confiança e capazes de não atrapalhar a agenda do governo autoritário. Em todas as ditaduras esse procedimento foi seguido (no nazismo, no comunismo, no fascismo, em vários países da África, do Sudeste Asiático, e nas ditaduras da América Latina), sendo o que ocorre atualmente nos países que se declaram bolivarianos um exemplo eloquente. Esse assalto à realidade dos fatos acaba por convencer os incautos de que o governo autoritário tem razão. Ou, pelo menos, levanta certas dúvidas sobre os fatos contestados pela máquina autoritária. Repetida inúmeras vezes, a mentira começa a ser aceita como verdade pelos incautos e pelos que desejam acreditar nelas.

Essa realidade é mais um fator a nos levar à conclusão de que as discussões são inúteis. Se não há respeito aos fatos reais, se não importa quão evidentes eles sejam porque as pessoas por eles comprometidas mentem e negam sua veracidade, discussões necessariamente se eternizam, a honestidade intelectual passa à deriva e as possibilidades de a realidade prevalecer são mínimas ou mesmo inexistentes. E, sem consenso acerca da realidade de certos fatos, como podem as discussões serem úteis e uma pessoa conseguir convencer a outra? Em sua novela *1984*, George Orwell[9] fala de uma província inglesa em que os residentes eram submetidos a tal pressão de distorção dos fatos em prol do governo dominante que seria até possível levar uma pessoa a aceitar o "fato" de que $2 + 2 = 5$...

Alguém já disse certa vez: *"quando os fatos mudam, eu mudo de opinião"*. Essa frase é frequentemente atribuída ao economista inglês John M. Keynes, mas já foi creditada também a Paul Samuelson, Winston Churchill e Joan Robinson. Independentemente da fonte, a frase é importante para o tema deste livro. Pessoas intelectualmente honestas baseiam suas posições em fatos. Entretanto, se informações subsequentes alteram a veracidade desses fatos, elas ajustam sua posição à luz dos novos fatos. Se todos fôssemos intelectualmente honestos e capazes de controlar nossos impulsos a distorcer a realidade para justificar nossas posições, as discussões seriam extremamente úteis, pois do debate franco e honesto seria possível que a verdade fosse reconhecida e as posições opostas dessem lugar ao consenso em torno da realidade que veio à tona em decorrência da discussão.

Neste capítulo serão considerados dois fenômenos que ocorrem no mundo moderno e que evidenciam o desrespeito aos fatos: (1) a proliferação das chamadas *fake news* e (2) o advento da cultura da pós-verdade, ou seja, a negação de que existe uma verdade substanciada objetivamente pelos fatos que a comprovam. Na cultura da pós-verdade, a verdade proclamada nada mais é que a visão subjetiva de quem a apregoa. Estamos, pois, diante da "morte da verdade objetiva" e sua substituição pelo que se convencionou chamar de "pós-verdade", onde os fatos não têm objetividade e são substituídos pelos chamados "fatos alternativos". Esses fatos alternativos substituem a verdade e refletem a versão de cada pessoa dos fatos outrora considerados como verdadeiros e objetivos. Em outras palavras, fatos verdadeiros são coisa do passado. Na cultura da pós-verdade "fato" é, simplesmente, aquilo que as pessoas querem que seja. A subjetividade na consideração dos fatos predomina sobre dados objetivos, muitas vezes cientificamente comprovados e sobre valores que costumavam ser partilhados quase que universalmente pelas pessoas. Esse estado de coisas torna as discussões totalmente inúteis, pois cada pessoa simplesmente defenderá a sua versão dos fatos e ninguém convencerá ninguém de que ela não é a verdadeira.

3.1 Fake news

O termo *fake news* se refere a notícias intencionalmente falsas, inventadas por pessoas que têm interesse em que elas sejam disseminadas e acreditadas. Se um jornal ou emissora de rádio ou TV veicula uma notícia falsa pensando que é verdadeira, essa notícia é inverídica, mas não se caracteriza como *fake news*, pois foi veiculada erroneamente, mas de boa-fé. De acordo com as leis relativas à imprensa livre em todo o mundo, o veiculador da notícia falsa é obrigado a retratar-se assim que se der conta de sua falsidade. Não o fazendo, o responsável pela falsidade é processado.

A disseminação de *fake news* atingiu proporções nunca vistas anteriormente. Estudo publicado na Revista *Science*[10], revelou que notícias falsas são transmitidas no Twitter e no Facebook muito mais frequentemente e com muito mais velocidade do que as notícias verdadeiras. Tais veículos são ideais para a disseminação de *fake news*: os que repassam as notícias falsas não assumem responsabilidade por elas, pois apenas transmitem a notícia original, ao contrário da imprensa, que pode ser responsabilizada criminalmente se veicula, sem corrigir, notícias claramente inverídicas. Ademais, as redes sociais misturam notícia com opinião e as repassam como verdades incontestes. Tudo isso as torna um veículo fértil para a circulação de *fake news*. E como bem assinala McIntyre[11],

> O surgimento das redes sociais como fonte de notícias ofuscou ainda mais a diferença entre notícia e opinião, de vez que as pessoas circularam estórias oriundas de blogues, "sites" de notícias alternativas e de Deus sabe onde, como se elas fossem todas verdadeiras.

Recentemente, *fake news* adquiriu mais uma característica. O termo passou a ser usado para desacreditar notícias de que certas pessoas não gostam, independentemente de elas serem verdadeiras ou não. Diz-se que *a beleza está nos olhos de quem vê*. Pode-se dizer algo semelhante do que atualmente se chama de *fake news*: *as fake news estão na percepção dos que assim as conside-*

ram. Se as notícias lhes são favoráveis, elas são *notícias verdadeiras*; se lhes desagradam, elas são *fake news*.

Nas discussões, um dos argumentos mais usados é o de desqualificar a fonte dos fatos apresentados pela pessoa com quem discutimos. Quando os fatos arrolados por ela nos são desfavoráveis, nós os consideramos inidôneos, mentirosos, fruto de propaganda enganosa etc. Em outras palavras: são *fake news*.

A expressão *fake news* adquiriu maior visibilidade recentemente nos Estados Unidos devido ao Presidente Donald Trump. Sendo assim, boa parte do que se segue faz referências a ele e ao porquê de sua constante referência às *fake news*. Trump sistematicamente afirma que todas as notícias desabonadoras a sua pessoa ou a seu governo são *fake news*. Notícias verdadeiras, só as veiculadas pela Fox News, canal de TV a serviço de seu governo. As notícias divulgadas por meios de comunicação de prestígio, tais como a CNN, a MSNBC, a ABC, o *New York Times*, o *Washington Post* etc., são sempre falsas quando lhe são desfavoráveis e ele considera tais veículos "inimigos do povo", a exemplo do que ocorre nos governos totalitários. É assim na Rússia, na China, na Tailândia, na Venezuela, em Cuba, em Belarus, no Irã, no Egito, enfim nas ditaduras, quer sejam de direita ou de esquerda, e começam agora a aparecer em "democracias" como Israel, Hungria, Turquia, Polônia e até nos Estados Unidos. Thomas Friedman[12] disse recentemente que "a maior ameaça à integridade da democracia americana hoje está no Salão Oval" (sala de trabalho de Trump na Casa Branca). E Frank Bruni[13] afirma que Trump não analisa a essência das críticas feitas a ele; simplesmente desmoraliza seus autores, ou desprezando os fatos e recorrendo a xingamentos, ou acusando os jornalistas de mentirosos, os juízes de desonestos, os agentes de segurança de tendenciosos ou corruptos e os que não aplaudem seus discursos à nação, de traidores...

Mais uma vez convém lembrar que Trump é um caso patológico. Mas muitas pessoas têm a tendência a recorrer a táticas desse tipo nas discussões em que se envolvem. Nunca é demais salientar que o uso dessas táticas nas discussões é garantia absoluta de sua inutilidade. Quem as utiliza carece do que várias vezes apontamos neste livro como requisito essencial para que as discussões não sejam inúteis: honestidade intelectual. Isso não quer dizer que, numa discussão, não se deva exigir a verificação da autenticidade do que é alegado. O que não é produtivo é rotular como *fake news* toda e qualquer informação devido exclusivamente ao fato de ela não ser conveniente, sem provar que os fatos veiculados são realmente falsos.

O ataque dos governantes totalitários à imprensa por, entre outros, Hitler, Lenin, Stalin, Mao Tsé-Tung, Chávez, tão bem documentado por Brian Klass[14], acusando-a de disseminar *fake news*, evidencia que a utilização dessa tática nas discussões é recurso de pessoas autoritárias. São os **fatos** e não a sua origem que dirimem uma controvérsia. Quando a origem dos fatos alegados é suspeita, é necessário que sua veracidade seja apurada. Por isso existem várias organizações cuja finalidade principal é examinar se uma notícia veiculada na imprensa ou em redes sociais tem base na realidade. O hábito de considerar sistematicamente em nossas discussões um fato como falso só porque ele vai de encontro às nossas preferências torna a discussão totalmente inútil. É uma tática antiga que não pode continuar. Na Alemanha de Hitler, Goebbels chamou a imprensa de "inimiga do povo" e o nazismo desmoralizava a imprensa chamando-a de *Lügenpresse* (imprensa mentirosa). Paradoxalmente, na mais tradicional democracia, a dos Estados Unidos, seu presidente disse o seguinte em um tuíte de 17 de fevereiro de 2017: *"os órgãos de comunicação 'FAKE' (o decadente @nytimes, @NBCNews, @CBS, @CNN) não são meus inimigos, mas sim inimigos do povo americano"*.

O ex-campeão mundial de xadrez Garry Kasparov[15] inicia seu artigo publicado no *New York Times* de 6 de dezembro de 2019 da seguinte maneira:

> A União Soviética, onde eu cresci, tentava dominar a verdade, distorcê-la e controlá-la. Realidade era o que o partido divulgava nos noticiários vespertinos ou nos jornais, Pravda, que significa "Verdade" e Izvestia, que significa "Notícias".

E mais adiante:

> E a piada que circulava então era que "não há notícias no Verdade e não há verdade no Notícias"...

E Kasparov, um ferrenho adversário da ditadura e incansável defensor da democracia, critica as inclinações ditatoriais de Vladimir Putin e acrescenta em seu artigo no *The New York Times*:

> O Presidente Donald Trump e seus defensores Republicanos no Congresso seguem sua liderança (a de Putin) ao declararem guerra à realidade observada. Reportagens críticas são consideradas *fake news*, jornalistas que reportam os fatos são inimigos do povo, uma frase de Vladimir Lenin, teorias de conspirações já repudiadas são repetidas e servidores públicos que depõem sob juramento acerca de fatos docu-

mentados são ignorados por serem *never trumpers*.

É evidente a preferência dos ditadores pela negação da verdade dos fatos. Lamentável na realidade atual é que essa característica das ditaduras tenha se generalizado nos países que ainda se consideram democráticos.

A necessidade de manter nossa autoestima desempenha papel muito importante nas discussões. Quanto mais inseguros, mais nos defendemos, e desmoralizar a fonte da informação é um recurso muito utilizado. Não é surpresa, pois, que as pessoas de tendência totalitária o utilizem. Os totalitários são, em geral, inseguros, pois estão sempre receosos de que a população possa se revoltar contra eles. Daí as medidas draconianas para defesa do regime e o combate ferrenho à liberdade de imprensa. Como vimos anteriormente, Greenwald[16] mostra que temos um "eu totalitário", que procura rejeitar tudo aquilo que ameaça nossa autoestima. É esse eu totalitário que, nas discussões em que nos envolvemos, não hesita em rotular como *fake news* os fatos alegados por nosso opositor que nos ameacem, independentemente de sua veracidade.

O recurso às *fake news* como forma de influenciar as pessoas assumiu destaque singular com o advento das várias redes sociais. Já se sabe que muitas das *fake news* veiculadas e repassadas nas redes são resultado de algoritmos intencional e malevolamente introduzidos nos meios digitais de comunicação por quem quer difundi-las para fins escusos. Pode haver exemplo mais eloquente da tendência em vigor no sentido de desrespeitar os fatos e substituí-los por mentiras cuidadosamente urdidas para que certos objetivos sejam atingidos? Pessoas incautas não se dão conta dessa realidade e usam as notícias assim transmitidas como argumentos em suas discussões inúteis. Nos Estados Unidos, um movimento novo denominado *QAnon* se especializa em veicular *conspirações* inventadas nas redes sociais visando a comprometer pessoas e instituições que se opõem a Donald Trump. Com frequência se vê atualmente o recurso à invenção de uma *teoria da conspiração* para distorcer a verdade dos fatos. Essas teorias partem de premissas falsas e evolvem para a construção de uma rede de falsidades que, numa análise superficial, parecem bem concatenadas e conducentes à versão dos fatos favorável a seus proponentes. Trata-se de uma forma mais elaborada de *fake news*, mas não menos deletéria e ofensiva à realidade.

Em resumo: notícias divulgadas na imprensa falada ou escrita e nas redes sociais podem ser verdadeiras ou falsas. Sua veracidade não depende de certas pessoas por elas ofendidas considerarem-nas *fake news*, nem tampouco de certas pessoas às quais elas são favoráveis considerarem-nas verdadeiras. Elas são verdadeiras ou falsas de acordo com a idoneidade da fonte de onde emanam e das evidências apresentadas de sua veracidade ou falsidade. Do exposto se infere que o desrespeito aos fatos decorre de tendenciosidades psicológicas e de interesses pessoais específicos de dominação e manutenção do poder. Sem respeito à realidade dos fatos, como pode uma discussão não ser fútil?

3.2 O ataque à verdade

> *Num mundo em que a ideologia se sobrepõe à ciência, a pós-verdade é a consequência inevitável.*
> Lee McIntyre

Vivemos, infelizmente, numa época em que a verdade está sendo substituída pela pós-verdade. Segundo McIntyre, acima citado, houve um aumento de 2.000% no uso da expressão "pós-verdade" de 2015 para 2016, registrado pelo dicionário inglês *Oxford*! Embora essa expressão exista desde 1992, foi a partir de 2006 que seu uso explodiu.

Na época da pós-verdade até verdades científicas são questionadas. O debate sobre a existência de uma Verdade Absoluta é assunto para os filósofos. Mas existe sim uma verdade revelada pelos fatos científicos interpretados e antecipados à luz de teorias bem construídas, rigorosamente testadas e respaldadas por dados concretos. Ousaria dizer que mesmo os pós-modernistas, para quem não há verdade, mas sim versões dos fatos, não se atreveriam a desconfiar da lei da gravidade e se atirar do décimo andar de um prédio na esperança de chegar suavemente ao solo... Novos fatos e o natural avanço do conhecimento poderão aperfeiçoar essas teorias, assim como a teoria da relatividade de Einstein aperfeiçoou (sem invalidar) a teoria da gravitação universal de Newton. Mas a tendência atual é de questionar (sem base racional ou fática) a veracidade do que é cientificamente demonstrado. A verdade é ofuscada pela pós-verdade.

O ataque à objetividade científica derivou do movimento conhecido como pós-modernismo, o qual capturou a imaginação de muitos sociólogos e filósofos.

Fernando Gabeira, em seu artigo em *O Globo* de 9 de dezembro de 2019, intitulado "A pós--verdade no poder", assevera:

> Se há algo no século XXI para o qual custo a encontrar o tom adequado de lidar é esse período de pós-verdade, em que as evidências científicas ou não são atropeladas por narrativas grotescas.

Como bem assinala McIntyre, a primeira tese do pós-modernismo é a de que a verdade objetiva não existe. A segunda é a de que qualquer afirmação de algo como verdadeiro nada mais é do que o reflexo da ideologia de quem assim o faz. Essa posição afirma que a vida em sociedade é definida pela linguagem que, por sua vez, está interligada com as relações de poder e dominação. Não existe, pois, nenhuma afirmação objetiva, mas sim afirmações imbuídas nas narrativas de cada um. Consequentemente, é o discurso que representa a verdade de cada um e não algo extrínseco, objetivo, verificável.

Ainda citando McIntyre,

> Questões legítimas podem certamente ser levantadas em relação aos conceitos de verdade e objetividade – de fato a história da filosofia é em grande parte sobre esses debates –, mas a rejeição completa da verdade, bem como o desrespeito por ela e pela objetividade, vai longe demais.

Daí a atacar frontalmente a ciência foi um passo para os que consideram toda atividade humana, incluindo as descobertas científicas, produto de uma ideologia. Os cientistas, segundo essa visão, não estão descobrindo fatos reais, mas apenas veiculando suas tendenciosidades ideológicas em busca de poder e dominação.

Abriu-se assim a oportunidade para as discussões inúteis, pois se os fatos não são verdadeiros, se as teorias que os predizem e explicam são meras manifestações ideológicas de seus proponentes e se a ciência não nos revela fatos, mas sim valores e perspectivas pessoais, tentar convencer alguém de que nós estamos certos em relação a algo comprovado por dados objetivos constitui um mero exercício de futilidade.

O pós-modernismo e a ideologização da ciência tiveram (e ainda têm) consequências nefastas. Por exemplo, empresas fabricantes de cigarros questionaram a descoberta científica de que o fumo é prejudicial à saúde pagando vultosas quantias a pessoas dispostas a questionar a veracidade desta associação, ou atribuindo-a a ideologia e interesses dos cientistas, ou ainda fabricando "fatos alternativos". O procedimento é mais ou menos assim: atribuem aos interesses dos cientistas os fatos que não aceitam e, além disso, contratam "cientistas" (supostamente honestos) para conduzir pesquisas tendenciosas que questionam os dados da comunidade científica séria. Uma vez que esses dados falsos são divulgados na imprensa escrita e falada por meio de propaganda enganosa, a população não especializada começa a considerar a possibilidade de as asserções científicas sólidas e honestas não serem de fato verdadeiras.

Outro exemplo pode ser visto na questão da realidade da mudança climática. Aqueles a quem é inconveniente aceitar a responsabilidade humana nas transformações climáticas seguem o procedimento resumido acima. Duvidam da honestidade dos cientistas e aliciam "cientistas" para lançar dúvida nos dados comprobatórios desse fato. Se as descobertas científicas são fruto da ideologia dos cientistas, quem poderá dizer que sua posição é a verdadeira?

Esse ataque à verdade assumiu nos dias de hoje proporções nunca vistas, o que contribui para que as discussões sejam inúteis, pois não havendo aceitação da veracidade de fatos cientificamente verificados, atribuindo todas as afirmações feitas ao fato de elas refletirem as perspectivas individuais de quem as faz e não a uma realidade a elas subjacente, tudo é permitido nas discussões e elas se eternizam inutilmente.

Embora até aqui se tenha ressaltado o questionamento, ou mesmo a negação, de verdades cientificamente comprovadas, a cultura da pós-verdade inclui a rejeição de quaisquer fatos objetivos que desagradam às pessoas. É esse desprezo pelos fatos ocorridos, sua distorção grosseira e até mesmo sua negação que vemos com frequência nesta época da pós-verdade. Os fatos são substituídos por sua versão. E não é só isso. A cultura da pós-verdade ignora a necessidade de comprovação para as asserções feitas. As pessoas apenas se preocupam em enunciá-las com veemência, mentir repetidamente, veicular *fake news* nas redes sociais, duvidar da ciência e dos fatos objetivos e assim tentar fazer prevalecer a "sua realidade" ao invés de aceitarem a realidade objetiva dos fatos.

Há uma clara diferença entre uma opinião e um fato. Opiniões são posições pessoais para as quais se busca uma *realidade social*. Quando se diz que a água, em determinadas condições ambientais, ferve a 100 graus centígrados, isso não é uma opinião, mas sim um fato empiricamente demonstrável. Mas quando se diz que o planeta será destruído por uma guerra nuclear, estamos expressando uma opinião sobre algo que poderá ou não ser confirmado, tornando-se, então, um acontecimento objetivo e verificável.

Festinger[17], em sua teoria dos processos de comparação social, afirma que, no que diz respeito a nossas opiniões e a nossas habilidades, frequentemente procuramos uma *realidade social*, pois carecemos de uma *realidade objetiva*. Essa *realidade social* é obtida comparando nossas opiniões com as de outras pessoas que respeitamos e valorizamos. Se elas concordam com nossas opiniões, esse consenso fornece a realidade social buscada. Da mesma maneira, se queremos saber se o fato de corrermos 100 metros em 18 segundos constitui um tempo bom ou um tempo ruim, nós comparamos nosso desempenho com o de pessoas semelhantes a nós em idade, sexo, nível de treinamento etc., a fim de que possamos estabelecer uma realidade social que nos permita julgar a qualidade do tempo obtido em nossa corrida (não nos comparamos, obviamente, com Usain Bolt...). Não precisamos buscar realidade social, todavia, para sabermos se somos ou não capazes de levantar um peso de 10 quilos. Existe uma maneira objetiva de verificar se podemos fazê-lo ou não (pegar um peso de 10 quilos e ver se conseguimos levantá-lo ou não).

Consequentemente, se numa discussão estamos emitindo opiniões, não há como pretender que elas constituam realidades incontestáveis. Mas quando invocamos fatos comprovados (como, p. ex., no caso das fotos tiradas na posse de Barack Obama e na de Donald Trump), a rejeição dessa realidade é inadmissível. O movimento pós-modernista, a tendência a difundir *fake news* e a cultura da pós-verdade pretendem confundir fatos com opiniões. E isso é mais um fator crucial a tornar inúteis as discussões. Todos têm direito a ter suas opiniões, mas na hora de quererem provar que suas opiniões são amparadas por fatos, estes têm que ser verdadeiros e isso independe das opiniões. Fatos são comprovados por provas inequívocas de sua veracidade e independem de nossas opiniões sobre eles.

Nos estados autoritários e nas democracias governadas por pessoas autoritárias, a verdade é a primeira vítima. As *fake news* passaram a dominar o cenário político e a verdade passa ao largo. Citando mais uma vez Lee McIntyre, nos Estados Unidos de Trump, na campanha do Brexit, na Hungria, na Rússia, na Turquia, vê-se uma tendência a fazer com que a realidade se adeque às opiniões das pessoas e não o inverso. Isso não é necessariamente uma campanha para dizer que os fatos não importam, mas uma convicção de que os fatos podem sempre ser mascarados, selecionados e apresentados dentro de um con-texto político que favorece uma interpretação da verdade sobre outra.

Rex Tillerson[18], ex-secretário das Relações Exteriores do governo Trump, em clara alusão a esse governo, disse em discurso proferido aos formandos do Instituto Militar da Virgínia em maio de 2018:

> Se nossos líderes procuram escon-der a verdade, ou se nosso povo se torna receptivo às realidades alternativas que não são mais ali-cerçadas em fatos, então nós, como

cidadãos americanos, estamos no caminho conducente à perda de nossa liberdade.

Os ideólogos questionam o fato que não lhes convém acreditar. Quando uma "verdade inconveniente" ameaça suas crenças, eles preferem questionar o fato, bem ao estilo do que foi feito pelos fabricantes de cigarros no passado e, atualmente, pelos contestadores da mudança climática derivada de atividade humana. E ainda de acordo com McIntyre,

> A pós-verdade se reduz a uma forma de supremacia ideológica, por meio da qual seus adeptos tentam compelir alguém a acreditar em alguma coisa, haja ou não prova suficiente para tanto. E isso é a receita ideal para a dominação política.

É por isso que questões que deveriam ser debatidas apenas no âmbito da ciência passaram a ser objeto de debate entre ideologias distintas. A existência da mudança no clima causada pelo aumento de poluentes lançados na atmosfera é, ao mesmo tempo, verdade para uns e mentira para outros.

Diante desse estado de coisas suscitado pelo recurso à pós-verdade na defesa dos pontos de vista das pessoas, é vã qualquer tentativa de chegar a um consenso por meio de uma discussão. Se não existe verdade, se os fatos apregoados são meros reflexos de ideologias e perspectivas individuais sem nada que os comprove inequivocamente, para que discutir e esperar que eles sejam respeitados e reconhecidos?

O leitor pode estar se perguntando por que me referi tantas vezes a Donald Trump neste capítulo. A razão disso está no fato de o presidente americano e seus protetores apresentarem ao mundo o exemplo mais eloquente, mais contundente e mais evidente da época das *fake news*, do desrespeito aos fatos e do ataque à verdade. Donald Trump consagrou a mentira. E isso me preocupa, pois a influência dos Estados Unidos no mundo é difícil de ser superestimada. Nunca se falou tanto em *fake news* e nunca se mentiu tanto em política como atualmente. Não será isso uma consequência do exemplo americano?

O desrespeito à verdade constitui a maior garantia da inutilidade das discussões. Se uma pessoa apresenta fatos que contrariam nossas crenças, os fatos são descartados como mentirosos. Se "a verdade não é verdade", esperar encontrá-la em uma discussão é uma mera futilidade.

Além da negação da verdade, um outro fator contribui para a inutilidade das discussões. Gilberto Moog[19], ao referir-se ao anseio dos grandes filósofos em buscar a verdade, lamenta a realidade atual em que

> [...] vaidades esgrimam agressiva-
> mente para saírem vencedoras num
> debate, sem nada acrescentar ao
> edifício da verdade.

Em discussões úteis, os debatedores buscam a verdade; nas inúteis, seu objetivo é derrotar seus opositores.

3.3 Desrespeito aos fatos em função de alto envolvimento do eu nas discussões

Quanto maior o grau de envolvimento do eu numa discussão, menor a probabilidade de ela ser útil. Há certos tópicos que invariavelmente provocam alto grau de envolvimento do eu quando são discutidos e, por isso, o desrespeito aos fatos, para proteger nosso eu, assume saliência marcante. Nessas discussões o ataque à verdade é comum, facilitado pelo relevante papel desempenhado por nossas emoções em tais situações.

a) Política

Nas discussões de natureza política é flagrante o que acaba de ser dito. O debate é inerente à atividade política. As pessoas possuem suas preferências por formas de governo, por políticas sociais, econômicas, ambientais, educacionais, de segurança etc. Sendo assim, o cenário político interno de cada país é motivo de discussões veementes e, não raro, violentas e apaixonadas, pois nelas existe alto grau de envolvimento das pessoas.

Consideremos o momento político brasileiro recente (2015-2018). O país está perto do caos. Políticas equivocadas dos governos do PT, a Operação Lava Jato levando suspeitas de corrupção sobre políticos de quase todos os partidos, dúvidas pairando sobre a honestidade dos três poderes – executivo, legislativo e judiciário –, enfim, um momento de tremenda efervescência que gera, mais do que nunca, discussões acaloradas no meio político e na população em geral.

A polêmica gerada pelo *impeachment* da Presidente Dilma Rousseff e pela decisão do Senado, chancelada pelo presidente do Supremo Tribunal Federal, de "fatiar" a pena imposta a Dilma Rousseff, condenando-a a deixar a presidência, mas garantindo seus direitos políticos, deu ensejo a intensos debates. Nesses episódios, as discussões foram acaloradas e, como de hábito, cada uma das partes em litígio considerou como "fato" aquilo que mais atendia a seus interesses. Os fatos nesses casos foram: no caso do *impeachment*, o crime de responsabilidade fiscal cometido pela presidente; e no caso da pena aplicada após a decretação do *impeachment*, o artigo 52 da Constituição que expressa, de forma absolutamente inequívoca, que a perda do mandato por *impeachment* implica a suspensão dos direitos políticos por 8 anos do presidente assim afastado. De que adiantaram esses fatos? Os campos opostos mantiveram suas posições iniciais, não obstante os debates no parlamento e fora dele. Qual foi a utilidade desses debates acalorados? Nenhuma. Cada parte em conflito saiu deles mais convicta do que nunca de que suas posições eram corretas. E isso se deu devido ao que tem sido salientado repetidamente neste livro: as pessoas veem os fatos não como eles são, mas como querem que eles sejam, processam as informações de maneira seletiva enfatizando o que lhes é favorável e fechando os olhos ao que não é, são cognitivamente preguiçosas e rígidas, o que lhes faz manter posições anteriormente adotadas e se fechar à possibilidade de reestruturá-las à luz de novas evidências; reduzem dissonância mesmo que para isso tenham que ignorar ou distorcer a realidade dos fatos; buscam harmonia entre sua posição e a daquelas que estimam; esquecem-se do que é conveniente esquecer a fim de que suas posições não sejam aluídas; lembram-se dos "fatos" que reforçam seus argumentos; proíbem totalitariamente qualquer manifestação capaz de abalar suas posições; não reconhecem que erraram e enganam-se a si mesmas permitindo que suas emoções dominem sua razão a fim de ver o mundo como elas querem que seja e não da maneira que ele é.

Outros exemplos ilustrativos da inutilidade das discussões políticas podem ser facilmente encontrados. Já foi mencionado anteriormente o episódio da guerra contra o Iraque em 2003 e a incapacidade de o governo de George Bush reconhecer a realidade do fato de que o Iraque não possuía armas de destruição em massa. Também se fez alusão à recusa de Donald Trump e de seus apoiadores de aceitarem a verdade fria e objetiva das fotografias tiradas em sua posse e na de Barack Obama. Luís XIV, no dia em que a Revolução Francesa se iniciou com a queda da Bastilha, escreveu em seu diário: *"Rien"* ("Nada"), como se nada de importante tivesse ocorrido. Apesar de pelo menos 98% dos cientistas considerarem o aquecimento do planeta um fato cientificamente comprovado, o Partido Republicano dos Estados Unidos nega essa realidade e o presidente Trump desvinculou os Estados Unidos do Acordo de Paris de 2016, ao qual aderiram, na ocasião da assinatura do Acordo, todas as nações do mundo, exceto duas: Nicarágua (porque queria medidas mais severas de contenção dos poluentes atmosféricos e, posteriormente, reformulou sua posição e aderiu ao Acordo) e a Síria (um país em total falência). Ainda nos Estados Unidos, o partido Republicano, Donald Trump e a Organização

Nacional das Armas de Fogo se negam a aceitar o fato comprovado em outros países (p. ex.: Austrália, Inglaterra, Holanda, França) de que a existência de leis que dificultam a compra de armas reduz drasticamente as mortes por arma de fogo (tanto homicídios quanto suicídios). Apesar de morrerem cerca de 3 mil pessoas por mês vítimas de armas de fogo naquele país e não obstante os frequentes assassinatos em massa em escolas e outros lugares públicos (Colombine, New Town, Orlando, San Bernardino, Las Vegas, Parkland, apenas nas últimas duas décadas), continuam essas pessoas a fechar os olhos à evidência dos fatos do que ocorreu em outros países que reduziram dramaticamente o número de mortes por armas de fogo a partir do momento que passaram a controlar sua aquisição. De que servem então os fatos? Também no Brasil, o governo Bolsonaro facilitou a aquisição de armas de fogo, tornando-a mais fácil em determinados casos. De que adianta a realidade inconteste de que países que restringiram o acesso a armas de fogo registraram significativa diminuição de mortes decorrentes de seu uso?

Além da tendência a distorcer os fatos a seu favor pelas razões ilustradas em capítulos anteriores, no caso dos políticos a inutilidade das discussões é exacerbada porque suas posturas são ditadas pelo que é necessário para se elegerem na próxima eleição, e não pela realidade. Isso faz com que distorçam os fatos de forma a defenderem o que lhes trará mais votos. A discussão política, caracteristicamente apaixonada e exaltada (i. é, caracterizada por grande envolvimento do eu), exemplifica com clareza a ação dos fatores de distorção da realidade discutidos em capítulos anteriores e é uma área onde os fatos verdadeiros são distorcidos ao sabor dos interesses políticos das partes em litígio.

b) *Relações internacionais*

Nas relações internacionais não é comum ocorrerem discussões do tipo que está sendo considerado neste livro. Não obstante, são frequentes os conflitos de interesse e eles suscitam polêmicas entre os governos. A maioria das divergências entre países se manifesta em foros internacionais e, em algumas ocasiões, entre representantes de governos que se manifestam publicamente sobre uma questão em que discordam. Embora a discussão face a face entre representantes de nações em litígio seja muito rara, notam-se nas desavenças internacionais vários dos fatores aqui considerados no caso de uma discussão acalorada entre pessoas, bem como o desrespeito flagrante aos fatos. Em 1954 a antiga União Soviética invadiu a Hungria de forma arbitrária e violenta. A justificação apresentada foi a necessidade de salvar o país das forças totalitárias que o estavam dominando. Os Estados Unidos criticaram veementemente a invasão e a consideraram um ato de violação inadmissível da soberania de uma nação. Décadas depois, em 1987, os Estados Unidos invadiram a pequena Ilha de Granada sob o pretexto de que era necessário livrar seus habitantes do regime totalitário de esquerda que estava prestes a dominar o país. A União Soviética não poupou palavras de crítica severa a esse ato de usurpação da liberdade de outro país.

Acontecimentos como esses ilustram como um fato inequívoco (no caso em pauta, a invasão de um país por outro para atingir seus objetivos) é visto de maneira completamente distinta, dependendo do interesse que está em jogo. Para o invasor, cujo interesse é interferir decisivamente nos destinos da nação invadida, seu ato é visto como justificável para o bem do próprio país invadido; para o adversário do invasor, tal ato é visto como inadmissível desrespeito à soberania do país invadido. O fato é o mesmo, mas cada uma das partes o vê de forma totalmente distinta. Não é preciso muito esforço de imaginação para antecipar que uma discussão entre russos e americanos acerca de quem agiu certo e de quem agiu errado nesses episódios seria totalmente inútil e um mero exercício de futilidade. Assim como é o debate entre israelenses e palestinos, chineses da China e chineses de Taiwan, árabes e israelenses etc. e sem falar nas facções terroristas e no resto do mundo. Questões que envolvem nacionalismo suscitam muita emoção e envolvimento do eu e isso impede um debate objetivo e honesto entre as partes envolvidas. O desejo de fazer prevalecer as próprias posições se superpõe a qualquer possibilidade de analisar objetivamente os fatos como eles são na realidade.

Não é de estranhar, pois, que o mundo atual esteja tão conturbado e tão cheio de conflitos regionais. No momento em que escrevo essa seção, os Estados Unidos estão rompendo todos os tratados internacionais firmados pelo antecessor de Trump, o Presidente Barack Obama. Enquanto este último se esforçava por conduzir-se de maneira racional e cooperativa em suas relações com outros países, o atual age de forma puramente irracional, destrutiva e isolacionista. Tratados feitos após intensas negociações guiadas pelo desejo de encontrar uma solução aceitável por todos são agora rompidos ou ameaçados de ruptura por razões pueris e xenofóbicas (*e. g.*: o tratado de Paris sobre o aquecimento global;

o tratado para a contenção do desenvolvimento de armas nucleares pelo Irã, o tratado de livre--comércio entre as nações do Pacífico, a aliança com os curdos etc.). A postura egoísta e irracional de Trump provoca uma reação contrária forte, tornando totalmente inútil qualquer tentativa de negociação diplomática para a solução dos conflitos suscitados pela inexperiência e pelo narcisismo do atual presidente. Felizmente a maioria dos chefes de Estado é mais amadurecida do que os atuais líderes de Estados Unidos, Coreia do Norte, Israel, Filipinas, Síria, Turquia e outros, o que lhes permite discutir seus problemas em termos elevados e racionais e chegar a acordos que permitam que o mundo viva em paz apesar das divergências e interesses das várias nações. Resta esperar que a permanência desses governantes insensatos à frente de seus governos seja efêmera e que o mundo possa continuar a esforçar-se para conter a emoção que tende a dominar as disputas entre interesses nacionalistas divergentes. Que a mesa de negociações seja o modo escolhido para debater racionalmente suas desavenças, permitindo, assim, que as nações possam chegar a uma convivência pacífica e civilizada. Se há uma área em que um esforço hercúleo se faz necessário para que as discussões sejam racionais e não emocionais e que a verdade dos fatos seja reconhecida, é a das relações internacionais. O que está em jogo é valioso demais para que se permita que as emoções, os interesses e nossas tendenciosidades cognitivas dominem os debates entre as nações e os fatos sejam distorcidos ou ignorados.

c) Religião

Discussões sobre religião são quase sempre acaloradas. A grande maioria da população mundial professa algum tipo de religião. Infelizmente, para muitos fiéis a religião serve de justificativa para uma postura fanática e intolerante. Mesmo para os que não são fanáticos, os valores religiosos são profundamente arraigados em suas personalidades e inspiram suas condutas e suas visões de mundo. É difícil, pois, evitar que a emoção e o interesse em justificar nossas crenças religiosas interfiram nas discussões sobre religião. E, para dificultar ainda mais a eficácia de discussões sobre esse tópico, para a maioria dos ateus o ateísmo é também uma espécie de religião, pois a inexistência de Deus é para eles uma crença inabalável e igualmente inspiradora de suas condutas e de suas visões do mundo. Quem já leu os livros de Dan Brown (p. ex., o *Código Da Vinci* e *Origem*) percebe claramente a necessidade que o autor tem de destruir as religiões (principalmente a católica) a fim de promover sua visão ateísta do mundo sem se importar muito com a veracidade de suas afirmações. A preocupação em atacar valores religiosos está cada vez mais óbvia em seus livros. Isso mostra que mesmo ateístas se deixam levar pela emoção quando discutem acerca da religião e os fatos são distorcidos para que seus objetivos sejam atingidos.

Infelizmente, convicções religiosas muitas vezes levam ao fanatismo. Os 19 terroristas que destruíram as torres do World Trade Center em 11 de setembro de 2001 fizeram-no em nome de Alá e estavam convictos de que seriam recompensados por seus atos criminosos pelo deus em nome de quem perpetraram aquele ato hediondo. Os islamistas extremados continuam, em pleno século XXI, a cometer atrocidades repugnantes em nome de sua religião. Também com sinais de fanatismo, as Cruzadas e a Inquisição mancharam a história do catolicismo. Onde existe fanatismo religioso, as discussões são, obviamente, totalmente inúteis. Mas, devido ao fato de o sentimento religioso (ou antirreligioso) constituir um valor muito forte, muito arraigado no ser humano, mesmo sem fanatismo as discussões sobre religião raramente chegam a algum resultado útil. Há anos religiosos e ateus discutem sobre a origem do mundo; os primeiros acreditando que ele foi criado por Deus e, os últimos, afirmando que tudo começou com o Big Bang e a energia daí emanada levou à existência do cosmos e até dos seres vivos. Mentes brilhantes debatem o mistério da criação e suas posições são inflexíveis, inabaláveis, principalmente aquelas capazes de resolver o mistério que constitui a existência do mundo material e dos seres vivos. O debate é até interessante e intelectualmente gratificante, mas incapaz de mudar a convicção inicial de religiosos e ateus. Assim foi, assim tem sido e assim será provavelmente até o fim do mundo... E os "fatos" invocados na discussão são os que atendem aos interesses dos debatedores.

d) Preconceito

E o que dizer das discussões entre pessoas preconceituosas? Nelas o envolvimento do eu é muito alto. O preconceito é uma atitude negativa em relação a um determinado grupo (étnico, racial, sexual, religioso, político etc.) baseado num julgamento prévio que é mantido mesmo diante de fatos que o contradigam. Em outra ocasião[20], assim me referi aos males do preconceito nos termos que se seguem.

O preconceito é tão velho quanto a humanidade e, por isso, de difícil erradicação. Pereira[21] compilou exemplos que vão desde a Antiguidade romana (o historiador Cornélio Tácito caracterizando, no livro que escreveu sobre a então Germânia, os queruscos de covardes e estultos; os suevos, de sujos e preguiçosos e os fenos, de salteadores e miseráveis) até manifestações na internet, datadas do início dos anos de 1990, na qual alemães foram retratados por americanos como extremamente pontuais e pouco amistosos, fanáticos por cerveja e excessivamente conformados a regras, leis e regulamentos.

Esses exemplos, no entanto, não fornecem a dimensão acurada dos males profundos que se escondem por trás do preconceito e de suas consequências, ora sutis, ora extremamente violentas. Assim, assistimos perplexos em meados dos anos de 1990 à convulsão que mostrou a verdadeira face do que pensávamos ser uma unida e pacífica Iugoslávia, com massacres perpetrados em nome de etnias, posse de territórios e poder. Aprendemos que, em certo sentido, "Iugoslávia" era uma espécie de ficção nacional, que encobria um sentimento de ódio renitente entre sérvios, croatas, bósnios e montenegrinos, ou ainda, entre católicos e muçulmanos. Fenômeno muito semelhante ocorreu no Iraque. Uma vez liberados do controle rígido de Saddam Hussein, xiitas, sunitas e curdos se mostraram pouco dispostos a uma conciliação nacional e as cenas de violência sectária assumiram proporções de uma guerra civil. Na África, agrupamentos distintos ganham, de tempos em tempos, as manchetes dos jornais por suas cruentas e mútuas agressões. O mesmo pode ser dito sobre os genocídios ocorridos na Armênia e na Ucrânia e os conflitos na Irlanda do Norte, numa lista aparentemente sem fim; e, no meio do século XX, talvez o exemplo mais estarrecedor de todos: o Holocausto, quando milhões de judeus foram massacrados na Europa.

Por aí se vê que a atitude preconceituosa é muito forte e capaz de motivar comportamentos hediondos. Sendo assim, quando uma pessoa preconceituosa se envolve numa discussão, é muito difícil que a razão se sobreponha a suas emoções quando o assunto da discussão se refere ao objeto de seu preconceito.

Todos nós somos preconceituosos em maior ou menor grau em relação a certos grupos. Felizmente, a maioria das pessoas se esforça para não se deixar levar por seus preconceitos. Em outras palavras, o preconceito é geralmente considerado como algo que precisa ser controlado e combatido, apesar das dificuldades em fazê-lo. As pessoas não gostam de ser chamadas de preconceituosas. Mas o preconceito existe e, quando não controlado, é um fator importantíssimo para tornar uma discussão totalmente inútil. O racismo, por exemplo, prevalente em maior ou menor grau em várias partes do mundo, é responsável por atrocidades terríveis, sem que se consiga convencer as pessoas racistas de que seus atos são desumanos, cruéis e abomináveis. É possível que, com uma evolução moral da humanidade, o racismo venha a ser erradicado. Mas até que isso aconteça, discutir com um racista sobre a igualdade racial é pura perda de tempo. E assim é em relação aos vários outros tipos de preconceito. Por ser uma atitude muito enraizada em nossa personalidade e muito forte, toda vez que uma discussão envolve atitudes preconceituosas o envolvimento emocional das pessoas é elevado, tornando praticamente impossível a prevalência da razão no decorrer do debate. E a "verdade" é o que corresponde ao estereótipo que serve de base ao preconceito e o que é "fato" é ditado pela natureza, positiva ou negativa, desse estereótipo.

3.4 Conclusão

Este capítulo mostrou um dos principais fatores que tornam inúteis as discussões: *o desrespeito pelos fatos verdadeiros*! *Fake news*, a cultura da pós-verdade, as distorções da realidade nas discussões acaloradas com grande envolvimento do eu mostram que os fatos objetivos e até dados comprovados cientificamente são ignorados e substituídos por "fatos alternativos" que servem de amparo às posições defendidas pelos que as apregoam.

Os fatos invocados não são objetivos, mas subjetivos; a realidade não é objetiva, mas subjetiva; o critério de veracidade dos fatos é o atendimento aos desejos individuais. Se o "fato" me é favorável, ele é verdadeiro; caso contrário, é falso. Se esse é o critério de verdade utilizado pelas pessoas numa discussão, como pode ela ser útil?

4
A radicalização ofusca a racionalidade

Eu acho que a primeira década deste século será lembrada como a época do extremismo.
David Eagleman

Lamentavelmente, vivemos em um mundo totalmente polarizado. A segunda década do século XXI terminou e a epígrafe acima continua válida. Será que todo o século XXI ficará na história como o século do extremismo, da polarização e da radicalização das ideias?

Constatamos atualmente uma tendência no sentido de as pessoas se dividirem em dois campos opostos: o do "nós" e o do "eles". Isso conduz aos extremismos, à radicalização e ao entrincheiramento das pessoas em seus respectivos campos, prontas a defender seus pontos de vista e a atacar os daqueles que pensam de forma distinta. Compromisso, conciliação, aceitação dos fatos verdadeiros, respeito a posições contrárias, dúvidas acerca da correção de suas posições, disposição a mudar quando a realidade assim requer, tudo isso é coisa do passado. Opiniões são consideradas fatos concretos. Divergências irreconciliáveis caracterizam os debates entre democratas e republicanos nos Estados Unidos e entre árabes e judeus no Oriente Médio; xiitas e sunitas cada vez ficam mais longe de uma convivência pacífica; na Inglaterra, o radicalismo dos políticos impediu por anos um acordo sobre o Brexit; ambientalistas e depredadores da natureza se digladiam acerca da causa das mudanças climáticas; e assim por diante. No mundo contemporâneo, a norma é a confrontação e não a busca de consenso e reconhecimento dos fatos.

Poder-se-ia dizer que a radicalização é contemporânea da história, sempre tendo havido divisões, guerras, conflitos regionais etc. na história da humanidade. A meu ver, entretanto, o momento atual é diferente. Vivemos numa época em que os meios de comunicação entre as pessoas atingiram uma amplitude e uma acessibilidade nunca vistas anteriormente. As pessoas expressam suas ideias no Twitter, no WhatsApp, no Facebook, por e-mail etc. A imprensa falada e escrita é atualmente mais centrada na exposição de posições do que na reportagem dos fatos ocorridos. Os noticiários isentos, que privilegiavam a reportagem do que ocorreu, cederam lugar às opiniões dos editorialistas. Jornais e emissoras de rádio e TV se caracterizam por suas posições políticas e seus programas, editoriais e artigos refletem suas preferências. Tudo isso acirra o choque entre posições diferentes, facilita a formação de grupos que se opõem nas redes sociais e nos meios de comunicação, e a radicalização aumenta como uma bola de neve. Essa radicalização e o extremismo das posições opostas têm consequências nefastas e ameaçam as instituições e o bem-estar social.

Esse clima de intolerância provoca reações emocionais que tendem a ofuscar a racionalidade, o que, por sua vez, torna quase impossível um diálogo honesto e produtivo entre as partes conflitantes.

4.1 A ameaça às democracias

O regime democrático se caracteriza pelo convívio com posições divergentes e pela busca de consenso. Quando o consenso não é atingido, as partes opostas confiam na alternância do poder e esperam a oportunidade de efetuar mudanças por meio do voto. Infelizmente, mesmo nos regimes democráticos atuais, o que se vê é um desrespeito a essa característica da democracia. As partes opostas não acreditam em consenso e não parecem dispostas a esperar pela alternância do poder. Querem que suas posições prevaleçam a qualquer custo, aqui e agora.

Uma vez mais, volto a exemplificar o que acabo de dizer com o que está acontecendo numa das mais antigas e consagradas democracias existentes – a dos Estados Unidos. O Presidente Trump e seus aliados estão dando ao mundo um exemplo deplorável de desrespeito às regras do sistema democrático. O presidente governa não com base em leis votadas pelo Congresso e ratificadas pelo presidente, mas sim por meio de "ordens executivas" que dispensam aprovação do Congresso. O orçamento aprovado pelo Congresso é frequentemente desrespeitado e o presidente desvia verbas destinadas especificamente a um determinado fim para um outro de seu interesse. Deputados do partido do presidente invadem o recinto em que está se processando a coleta de depoimentos relativos a um possível *impeachment* do presidente. Fatos objetivos e incontestes sobre a troca de favores exigida pelo presidente para liberar verba aprovada pelo Congresso para ajuda militar à Ucrânia são negados descaradamente pelo presidente e seus defensores no Congresso e na imprensa que lhe é fiel. O presidente usa seu advogado particular para forçar um governo estrangeiro a interferir a seu favor nas próximas eleições presidenciais. Até mesmo a suprema corte dos Estados Unidos não mais desfruta do respeito e da confiança a que fazia jus no passado, também nela prevalecendo o radicalismo e a tendenciosidade nos julgamentos. O presidente demite qualquer funcionário que expresse uma opinião ou apresente um fato que lhe contrarie. Enfim, a democracia é violentada frequente e ostensivamente e os recursos que tinha para se defender, como bem dizem Levitsky e Ziblatt[1], estão desaparecendo nos Estados Unidos e em outros países aparentemente democráticos (p. ex., Hungria, Polônia, Turquia, Filipinas, Equador, Bolívia, Israel). Segundo esses autores,

> o paradoxo trágico da via eleitoral para o autoritarismo é que os assassinos da democracia usam as próprias instituições da democracia – gradual, sutil e mesmo legalmente – para matá-la.

Mostrando bastante preocupação com a sobrevivência da democracia nos Estados Unidos, Levitsky e Ziblatt dizem que

> o enfraquecimento de nossas normas democráticas está enraizado na polarização sectária extrema – uma polarização que se estende além das

> diferenças políticas e atinge conflitos existenciais sobre raça e cultura. [...] E se uma coisa é clara quando se estudam os colapsos ao longo da história, é que a polarização extrema pode matar as democracias.

Em artigo no *New York Times* de 9 de abril de 2020 intitulado "A democracia americana pode estar morrendo", Paul Krugman apresenta exemplos recentes que indicam a deterioração da democracia e os graves riscos de um governo autoritário no país.

Dois dos baluartes da democracia são: a tolerância com a opinião divergente e a capacidade de as instituições democráticas se vigiarem e contrabalançar eventuais exageros de alguma delas. O Presidente, o Congresso e o Judiciário são igualmente importantes no exercício pleno da democracia constitucional. Quando essas guardas de proteção do regime democrático falham, seu fim é iminente. O radicalismo por vezes verificado entre os membros dessas três instituições fundamentais à democracia constitui séria ameaça a ela. Tolerância com a opinião divergente supõe respeito mútuo. Liberdade de expressão não significa que alguém tenha o direito de gritar "fogo" em um recinto fechado e repleto de pessoas; nem tampouco legitima ataques gratuitos e ofensivos a símbolos e crenças compartilhados e venerados por milhares de pessoas. Extremismo e enfraquecimento do sistema de contrapesos entre os poderes constituídos corroem as democracias e preparam o terreno para o advento dos regimes autoritários. Quando essas grades de proteção se rompem, as democracias se aproximam do fim. Tolerância mútua e reserva institucional são os dois fatores responsáveis pelo fato de a democracia norte-americana ter funcionado por mais de dois séculos, afirmam Levitsky e Ziblatt. Com a eleição de Donald Trump, ambos esses fatores estão seriamente ameaçados e a democracia americana corre risco de fracassar.

4.2 A radicalização nas discussões suscitadas pela pandemia da Covid-19

O extremismo e a radicalização do mundo atual manifestam-se até mesmo em situações que, por sua natureza, deveriam ser imunes à sua interferência. É o caso, por exemplo, da maneira pela qual pessoas de diferentes orientações políticas reagem à pandemia do novo coronavírus.

No dia 31 de dezembro de 2019, a China comunicou à Organização Mundial da Saúde a incidência do primeiro caso de pessoa atacada pelo que veio a ser denominado, uma semana depois, a doença causada pelo novo coronavírus ou Covid-19. A princípio o resto do mundo não deu muita importância à descoberta do novo vírus.

As atenções se concentravam no que ocorria na cidade chinesa de Wuhan, onde o vírus se espalhava de forma preocupante. Em 15 de janeiro o primeiro caso foi reportado fora da China, no Japão e, poucos dias depois, a Coreia do Sul anunciava a presença do vírus em seu território. Daí para adiante, vários países foram atingidos pelo vírus. Em 31 de janeiro de 2020 a OMS declarou emergência global e, em 11 de março, anunciou ao mundo tratar-se de uma pandemia. A essa altura o número de contaminados pelo vírus aumentava diariamente na maioria dos países, crescendo também o número de mortos (quase um milhão em 20 de setembro de 2020).

O assunto foi progressivamente se tornando o alvo principal dos noticiários e comentários na imprensa falada e escrita e, também, das redes sociais. Logo surgiram opiniões divergentes sobre a seriedade da doença: sua capacidade de propagação, sua letalidade, a velocidade com que uma vacina seria descoberta e aprovada para uso de todos, a possibilidade de remédios aprovados para outras infecções respiratórias serem eficazes no combate à Covid-19, se as medidas de isolamento social seriam ou não capazes de retardar a disseminação do vírus, que medidas de higiene pessoal seriam eficazes na prevenção da doença etc. Em pouco tempo, opiniões na imprensa e nas redes sociais se avolumaram e suscitaram intenso debate. Como sempre ocorre em discussões acaloradas, dois grupos antagônicos se formaram: de um lado os que minimizavam a gravidade da doença e achavam leviano criar sérios problemas econômicos que, talvez, viessem a matar mais gente do que a própria doença; de outro, os que a consideravam gravíssima, capaz de matar um número muito elevado de pessoas e que medidas de contenção da epidemia deviam ser rigorosamente implementadas o quanto antes, mesmo que isso viesse a resultar em recessão econômica.

O que se seguiu a essa polarização de opiniões confirma a tese central deste livro: as discussões entre os defensores de lados opostos foram predominantemente emocionais, defensivas, tendentes a manter a autoestima dos querelantes e seus sistemas de crenças e valores. Os debates acirraram a radicalização das posições e, o que vejo enquanto escrevo por meio das mensagens que recebo por WhatsApp, é a tendência de cada grupo de opiniões opostas a *ver o que quer ver e a acreditar no que quer acreditar*... Resultado: ninguém convence ninguém, as posições opostas se radicalizam cada vez mais e nenhum resultado positivo deriva do debate acirrado.

O mais sensato diante dessa séria ameaça à saúde pública seria que as pessoas ouvissem o que dizem os especialistas da área da saúde. Só eles entendem as idiossincrasias e a periculosidade associadas à Covid-19; muitos deles estão expostos aos maiores perigos de contaminação devido à sua obrigação de atender aos doentes; só os cientistas serão capazes de desenvolver uma vacina ou descobrir medicação adequada; em suma, são os médicos e os cientistas da área de saúde as pessoas mais qualificadas para opinar nessa matéria. Entretanto, a radicalização das posições opostas e o domínio das emoções sobre a razão não permitem que o debate seja governado pela sensatez, pela honestidade intelectual e pelo controle das tendenciosidades psicológicas. A tendência atual é dar menos atenção ao que dizem os especialistas do que ao que dizem os governantes comprometidos com uma ideologia que privilegia os esforços para a contenção da doença ou que prioriza a proteção da economia. Nos Estados Unidos, os estados governados por republicanos defendem o fim da quarentena obrigatória a qualquer preço, enquanto os governados por democratas favorecem o confinamento e preconizam uma abertura de acordo com o recomendado pelos profissionais da saúde. Situação semelhante ocorre também no Brasil. As pessoas favoráveis ao Presidente Bolsonaro minimizam a gravidade da pandemia e proclamam o poder terapêutico de drogas de efeito não comprovado cientificamente; os que a ele se opõem exibem posição diametralmente oposta.

Nos primeiros meses de proliferação da doença, governantes de diversos países assumiram uma ou outra das duas posições polarizadas de que falei acima. Uns minimizaram a gravidade do problema e se preocuparam primordialmente com as possíveis consequências econômicas das medidas de contenção da doença. Outros tomaram com presteza as medidas necessárias à prevenção da propagação do vírus. Poderia citar dados que elucidam um pouco qual das duas atitudes foi a melhor, mas minha intenção aqui não é fazer parte do debate, mas apenas ilustrar a inutilidade de discussões onde dois grupos (o do "nós" contra o do "eles") se polarizam, tornam-se extremados e se deixam levar pela influência das 10 tendenciosidades psicológicas descritas no capítulo 2. E a polarização não se restringiu aos governantes. O tema foi tão radicalizado que a posição política das pessoas passou a ser o melhor preditor de qual seria sua posição acerca da gravidade da epidemia. Usar ou não máscaras nas ruas passou a ser um indicador de posição política. Nos Estados Unidos, uma pessoa passeando com seu cachorro e usando máscara foi interpelada por outra que perguntou:

"você vota nos democratas?"... Pior do que isso, têm sido registradas altercações verbais e físicas entre pessoas naquele país que usam máscaras e as que a isso se opõem. Isso é inédito na história. Quando se pensou que o extremismo e a polarização levassem as pessoas a tomarem partido em relação a algo que ameaça toda a humanidade? Em outras épocas, as pessoas se uniam para enfrentar o inimigo comum (foi assim em 1918 em relação à gripe espanhola e, mais recentemente, no combate ao vírus responsável pelas epidemias Sars e Ebola). Essa situação deplorável é consequência direta do clima de polarização, do extremismo e do predomínio da emoção sobre a razão que prevalece no mundo de hoje.

4.3 Conclusão

Diante de polarização tão extremada como a que se vê atualmente, vale a pena recordar o que foi dito no capítulo anterior acerca da falência da verdade na época da pós-verdade. Como bem diz Frank Bruni em artigo publicado no *New York Times* de 13 de maio de 2020,

> Verdade é qualquer coisa que valida seus preconceitos, alimenta seus ressentimentos e estimula sua antipatia por pessoas que você decidiu pertencerem ao lado oposto.

Ou as pessoas se esforçam por ser intelectualmente honestas, respeitar a evidência dos fatos, ser menos radicais, tolerar opiniões divergentes sem execrar os que as expressam, enfim, por comportar-se como seres humanos racionais, ou as discussões inúteis continuarão.

Nem todas as discussões, todavia, são dominadas pelo extremismo irracional. Nem todas são dominadas pelos interesses pessoais, pela falta de controle de nossas tendenciosidades, por nossas emoções e pelo desejo exclusivo de ter um vencedor e um vencido. O capítulo seguinte conclui este livro mostrando que, quando tais fatores estão ausentes numa discussão, ela pode ser útil.

5
As discussões são sempre inúteis?

Em todas as discussões,
deixe a verdade ser seu
objetivo, não a vitória ou
um interesse mesquinho.
William Penn

O tipo de discussão considerado nos capítulos anteriores é, de fato, sempre inútil. E que tipo de discussão é esse? É o tipo de discussão em que existe grande envolvimento do eu, em que a emoção se sobrepõe à razão, em que a manutenção das posições pessoais envolvidas é importante para reforçar sua autoestima e seu sistema de crenças e valores, em que as pessoas em disputa estão pouco dispostas a serem intelectualmente honestas, em que a radicalização das ideias e o extremismo ofuscam a racionalidade e onde o objetivo da discussão é dela sair vencedor.

Haverá discussões que não tenham as características descritas acima? E, se há, serão elas igualmente inúteis? As discussões que não apresentam as características indicadas no primeiro parágrafo deste capítulo talvez sejam mais bem caracterizadas como debates, troca de ideias ou questionamentos destinados à busca honesta da verdade. Revestidas dessas características, essas discussões podem ser e são, em geral, bastante úteis. Nelas prevalece a honestidade intelectual, o objetivo é a busca da verdade, o envolvimento emocional é mínimo e claramente suplantado pela argumentação racional, e uma eventual mudança de posição durante o debate não implica ameaça à autoestima dos envolvidos nele. Os fatos são respeitados, verdades comprovadas são aceitas, não há o recurso a *fake news*, um esforço honesto é feito no sentido de controlar nossas tendenciosidades e em nos deixar levar pela razão.

Os debates acadêmicos sérios e honestos, por exemplo, se revestem, geralmente, de tais características. Os convidados a debaterem assuntos controversos se dispõem a aceitar os argumentos racionais apresentados e, quando por eles convencidos, aderem à posição por eles indicada. O objetivo da discussão é suscitar que cada participante exponha da maneira mais lógica possível a razão de seus pontos de vista, trazendo argumentos e fatos que o corroborem. Como nem sempre um tópico em debate pode ser inequivocamente apoiado pelos fatos e pela lógica, é possível que a discussão não seja conclusiva, mas um esforço honesto foi feito no sentido de fazer com que o tópico em disputa fosse convincentemente esclarecido e as dúvidas dirimidas dentro do possível. Debates acadêmicos são promovidos para que pessoas com pontos de vista distintos expressem as bases racionais para as posições que defendem. A preocupação principal dos debatedores é mostrarem-se convincentes aos que assistem ao debate, devendo mesmo respeitar as posições divergentes que o debate oferece. Como vimos no capítulo 3, o recurso às *fake news* e sua ampla divulgação, associado ao atentado à ciência, aos fatos e à objetividade que suscitou a cultura da pós-verdade, dificultam enormemente a existência de discussões em que a tônica seja a busca honesta da verdade.

Parece-me que a forma mais fácil de convencer uma pessoa a ver as coisas da mesma forma que nós vemos é por meio da livre-expressão de nossas opiniões e não por meio de discussões. A seção de editoriais dos jornais, em que opiniões são expressas sem o engajamento em discussão, a meu ver é muito útil. Apesar de nossa tendência a sermos seletivos na leitura de opiniões alheias, ou seja, buscamos ler aquelas que confirmam nossos pontos de vista e evitamos as que a eles se opõem, de vez em quando nos defrontamos com opiniões divergentes fora do contexto de uma discussão. Como essas opiniões não estão inseridas no clima emocional de uma discussão, elas têm mais possibilidade de gerar mudanças, pois não há lugar para a reatância psicológica mencionada no capítulo 2, por exemplo.

A expressão de nossas posições em artigos veiculados na imprensa pode, às vezes, fazer com que pessoas que inicialmente não concordam com elas as considerem sem a postura de defesa normalmente presente nas discussões. Como foi dito no capítulo 2, posições são modificadas mais facilmente quando a razão para tal vem de dentro da pessoa e não de fora, por tentativa de imposição de outrem. Às vezes a exposição a uma opinião contrária suscita uma meditação espontânea sobre o tópico que poderá vir a causar a aceitação dessa opinião pela pessoa que dela divergia originalmente. A autopersuasão é bem mais eficaz do que uma discussão para provocar mudanças nas pessoas.

Os debates políticos também constituem uma oportunidade para os candidatos convencerem os eleitores e não uns aos outros. Sendo assim, a preocupação dos debatedores é a de apresentar argumentos capazes de convencer a população. Mostrar emoção e desejar desqualificar o oponente não é uma estratégia aconselhável. As eventuais discussões que possam surgir durante o debate tendem a ser mais racionais do que emocionais, pois o foco é sempre a audiência e não o interlocutor.

Outras discussões podem ainda não ter as características indicadas no início deste capítulo. Discussões sobre preferências pessoais, por exemplo, são frequentemente encerradas quando se alega que "gosto não se discute".

Finalmente, existem ainda (embora sejam raras) as discussões sobre assuntos que suscitam grande envolvimento emocional, mas nas quais os participantes se esforçam por mostrar respeito às ideias de outrem e procuram manter o debate em nível elevado, educado e respeitoso. Quando tais esforços são bem-sucedidos, a discussão pode ser acalorada, mas ocorre em clima de respeito mútuo e na busca honesta de argumentos racionais e de respeito aos fatos. Essas discussões podem até levar ao convencimento de uma pessoa pela outra. O problema, como vimos nos capítulos anteriores, é que barreiras psicológicas dificultam bastante a predominância desse clima saudável na maioria das discussões. O clima de respeito mútuo e busca honesta da verdade numa discussão acalorada constitui, de fato, a exceção e não a regra.

Embora os obstáculos psicológicos à utilidade das discussões sejam muito fortes, eles não são absolutamente determinantes. Com conhecimento de sua existência, muito esforço e honestidade intelectual, podemos realizar a façanha de reconhecer que cometemos erros, que os argumentos de nosso opositor são fortes e consistentes e reconhecer que fomos vencidos numa discussão. Quando isso ocorre, a discussão deixa de ser inútil.

5.1 Uma palavra final

Este livro, portanto, não pretende insinuar que qualquer discussão não passa de mera futilidade. A realidade mostra que a maioria das discussões de fato se reveste das características enumeradas no início deste capítulo e são totalmente inúteis. Felizmente, existe ainda um outro tipo de discussão que, não apresentando tais características, poderá resultar em esclarecimento de tópicos controversos e contribuir para o progresso do conhecimento e o estabelecimento da verdade. O desrespeito aos fatos objetivos e a cultura da pós-verdade infelizmente dificultam discussões desse tipo. Consciência de nossas tendenciosidades cognitivas, esforço por controlá-las, priorização da razão sobre a emoção, combate a *fake news* e teorias conspiratórias, aceitação da verdade objetiva de fatos inequívocos e compromisso com a honestidade intelectual integram a receita necessária para combater a inutilidade das discussões.

As palavras do pensador chinês Lao Tzu, na tradução do poeta Stephen Mitchell[1] de sua obra *Tao Te Ching*, ilustram bem o que todos devemos aspirar em nossos esforços para neutralizar os obstáculos psicológicos que tornam tão difícil reconhecermos nossos erros e sermos intelectualmente honestos:

> Uma grande nação é como um grande homem:
>
> Quando ele comete um erro, ele o reconhece.
>
> Reconhecendo-o, ele o aceita.
>
> Aceitando-o, ele o corrige.
>
> Ele considera aqueles que apontam suas falhas
>
> como seus professores mais benéficos.

Posfácio

Este livro foi submetido à Editora Vozes em fevereiro de 2020. O tempo entre a submissão do manuscrito, sua aceitação e, finalmente, sua publicação, é relativamente longo, principalmente em meio aos transtornos causados pela pandemia da Covid-19.

Acontecimentos ao longo do ano de 2020 foram muito relevantes para o tema tratado neste livro. Sendo assim, pareceu-me pertinente adicionar alguns comentários antes de ele vir a lume.

A tese central do livro foi confirmada ao longo de 2020. O mundo continua extremamente polarizado e as discussões cada vez mais acaloradas e inúteis. Em alguns países, mais do que em outros, essa polarização extremada tem trazido prejuízos graves a seus habitantes. Neles, incluo, como exemplo, o Brasil, a Inglaterra e, principalmente, os Estados Unidos.

O livro apresenta dez fatores psicológicos que explicam por que é tão difícil mudarmos nossas crenças e convicções. Mas difícil não significa impossível; o que vemos no mundo atualmente é alarmante, pois a realidade passou a ser completamente ignorada. Fatos em cima de fatos, em cima de fatos, em cima de fatos são incapazes de romper a barreira dos obstáculos psicológicos à sua aceitação. É de estarrecer! Fatos incontestáveis são sumariamente ignorados, como se não existissem. Só é "verdadeira" a visão subjetiva que cada pessoa tem dos fatos.

Vejamos o que ocorreu no país considerado possuir uma das mais fortes e solidamente estabelecidas democracias do mundo: os Estados Unidos. Os acontecimentos que se seguiram às eleições presidenciais de 3 de novembro de 2020 deixaram o mundo perplexo e chocado. Um presidente inconformado com sua derrota lançou uma campanha desvairada de desinformação em suas manifestações à população e nas redes sociais, cuja veracidade foi destruída pela evidência ofuscante dos fatos. Mais de 70 processos judiciais iniciados pelos advogados de Trump contestando a legitimidade das eleições foram considerados sem fundamento por juízes, muitos dos quais do partido do presidente e nomeados por ele, ou retirados pelos advogados devido à sua fragilidade; em dois recursos à Suprema Corte (cuja composição inclui seis membros do partido do presidente, três dos quais nomeados por ele), esse órgão judicial se recusou sequer a analisar o mérito dos mesmos, considerando-os, *por unanimidade*, carentes de fundamentos que justificassem sua aceitação; na maioria dos estados cujos resultados da eleição foram contestados pelo presidente e seus advogados, os responsáveis pela apuração dos votos eram do partido do presidente e declararam terem os resultados sido absolutamente corretos; apesar da garantia dos responsáveis pela apuração, votos foram recontados em vários lugares e confirmaram os resultados originais; no Estado da Geórgia, os votos foram recontados três vezes, sendo numa delas manualmente, e nenhuma discrepância foi encontrada entre a apuração inicial e as três recontagens; alegações de fraude foram detalhadamente investigadas e provadas inexistentes. Em suma: os resultados das eleições de 3 de novembro de 2020 foram confirmados, reconfirmados, legítimos e inequívocos.

De que adiantou a verdade ofuscante dos fatos? Para os que *"veem o que querem ver e acreditam no que querem acreditar"*, a resposta é: de absolutamente nada.

Lamentavelmente, nesse caso o desprezo pelos fatos levou a manifestações violentas, com discussões acaloradas, agressões a pessoas na rua, em aeroportos e outros lugares públicos, culminando na vergonha do assalto ao parlamento americano em 6 de janeiro de 2021. O que o mundo pôde ver, em tempo real, foi um assalto de vândalos a um dos símbolos mais importantes da democracia americana que causou a morte de cinco pessoas e a destruição de partes do patrimônio desse local considerado quase sagrado pelo povo daquele país. E, por incrível que pareça, todos incentivados pelo presidente derrotado, que antes, durante e depois das eleições veiculou mentiras e teorias conspiratórias e os convocou para o assédio ao Congresso. Uma cena triste e vergonhosa, nunca vista em países civilizados nos últimos séculos em tempos de paz. A fidelidade total de grande parte da população a um presidente desvairado faz com que a realidade objetiva dos fatos seja por eles ignorada. O trumpismo tornou-se um verdadeiro culto.

O fenômeno de obediência cega ao líder de um culto é amplamente conhecido em psicologia. O suicídio coletivo em Jonestown em obediência à determinação de Jim Jones é um dos exemplos mais ilustrativos de como os seguidores de um líder fanático só consideram verdadeiro o que é por ele determinado. Antes de se arrependerem e sair da seita, Jeannie Mills e seu marido passaram seis anos como figuras destacadas no People's Temple, sede do culto criado por Jim Jones. Em seu livro intitulado *Six years with God* ela afirma:

> Fiquei surpresa com a pouca divergência entre os membros desta igreja. [...] Nunca houve dúvidas sobre quem estava certo, porque Jim sempre estava certo. [...] Jim estava certo e aqueles que concordavam com ele estavam certos. Se você discordasse de Jim, você estaria errado. Era simples assim[1] (citado por Robert V. Levine[2]).

O poder exercido por líderes de um culto é difícil de ser superestimado. Mas, como ocorreu com Jeannie Mills, seu marido e alguns outros seguidores, é possível eventualmente emancipar-se das garras do líder. Entretanto, os que assim fazem são estigmatizados e perseguidos pelo líder e seus seguidores. Na última gravação antes do suicídio coletivo de Jonestown, Jim Jones criticou Jeannie violentamente e afirmou que, para os que a ele se mantinham fiéis na Califórnia, o suicídio em massa que estava prestes a ser consumado não seria em vão. Como reporta Robert Levine na obra acima citada, pouco depois de um ano dos suicídios, o casal e sua filha foram assassinados em sua casa na cidade de Berkeley. Os assassinatos nunca foram resolvidos.

Esses acontecimentos tornam ainda mais necessário seguirmos o que foi dito na conclusão deste livro:

> Consciência de nossas tendenciosidades cognitivas, esforço por controlá-las, priorização da razão sobre a emoção, combate a *fake news* e teorias conspiratórias, aceitação da verdade objetiva de fatos inequívocos e compromisso com a honestidade intelectual integram a receita necessária para combater a inutilidade das discussões.

Se todos tivessem honestidade intelectual, os crimes ilustrados acima teriam sido evitados.

Apêndice

Prova empírica (fictícia) da inutilidade das discussões

Infelizmente o autor está aposentado há sete anos e, devido a isso, desligado de suas atividades de professor e pesquisador que exerceu durante sua carreira profissional. Isso lhe impede (ou, pelo menos, torna muito difícil) levar a cabo experimentos destinados a testar empiricamente as hipóteses em que esteja interessado. Sendo assim, a "prova empírica" apresentada neste apêndice não é uma verdadeira prova empírica, mas apenas uma sugestão de um experimento capaz de testar a hipótese central deste livro, isto é, a da inutilidade das discussões sobre assuntos em que o envolvimento do eu é elevado. Os dados reportados são fictícios.

Serão a seguir apresentados: (1) o planejamento de um experimento capaz de testar a hipótese de que discussões acaloradas sobre temas que suscitam grande envolvimento do eu são inúteis; (2) os dados fictícios do experimento proposto, caso a hipótese fosse de fato confirmada pelos dados colhidos com os participantes do estudo, seguidos de uma breve discussão sobre eles. Se algum estudante de psicologia tiver um dia acesso a este livro poderá, caso queira, levar a efeito o experimento proposto, com as melhorias que serão sugeridas e outras que julgar necessárias, e obter dados reais que permitam ratificar ou não a veracidade dos dados fictícios aqui apresentados.

Eis o experimento proposto:

Método

a) Participantes

40 participantes, 20 de cada sexo, todos estudantes universitários atendendo à exigência curricular de submeter-se a experimento, foram submetidos ao estudo.

b) Procedimento

Os participantes foram divididos em dois grupos de 20 pessoas, cada grupo integrado por

10 participantes do sexo masculino e 10 do sexo feminino.

Dois tópicos foram apresentados para serem discutidos pelos participantes dos grupos: um sobre política e um sobre religião. Esses tópicos foram escolhidos em função do alto envolvimento do eu que suscitam as discussões sobre eles. O tópico relativo à política era: *"qual o sistema que mais beneficia os cidadãos de um país, o capitalismo ou o socialismo?"* O tópico concernente à religião era: *"Deus existe?"*

O grupo que iria discutir o tema político (de agora em diante denominado Grupo Política) foi composto por 10 pessoas favoráveis ao capitalismo e 10 favoráveis ao socialismo. Essas pessoas foram previamente selecionadas com base em escalas de atitudes que indicavam a preferência delas por cada um desses sistemas políticos. O grupo que iria discutir o tema religioso (de agora em diante denominado Grupo Religião) foi integrado por 10 pessoas que acreditam em Deus e por 10 ateus. O sexo foi igualmente representado em ambos os grupos.

Uma vez constituídos os dois grupos, os integrantes do Grupo Política foram informados de que teriam 30 minutos para discutir entre si o tema que lhes foi proposto, isto é, qual dos dois sistemas políticos apresentava maiores vantagens para as pessoas. Foi-lhes dito que poderiam defender acaloradamente seus pontos de vista, mas que deveriam manter o debate em nível elevado e respeitoso e que uma pessoa assistiria ao debate para evitar que ele se afastasse dessa diretriz. Foi-lhes dito ainda que, embora uns pudessem ser ouvidos mais do que outros, *todos* deveriam contribuir para a discussão, não sendo permitido que qualquer participante permanecesse calado o tempo todo. A mesma coisa foi dita aos integrantes do Grupo Religião e que o tema a ser discutido era o da existência ou não de Deus. A mesma advertência acerca da necessidade de manter a discussão em nível elevado e respeitoso lhes foi feita, bem como a da necessidade de *todos* participarem. Foi assinalado também que uma pessoa presenciaria o debate para garantir que o devido respeito entre os participantes fosse mantido

Após os 30 minutos concedidos aos grupos para o debate, todos os participantes responderam às seguintes perguntas:

a) A discussão da qual você participou mudou sua atitude inicial frente ao... (capitalismo, socialismo, crença ou não na existência de Deus, conforme o grupo a que o participante pertencia)?

☐ Sim.

☐ Não.

b) Ao final da discussão, sua atitude em relação a... (capitalismo, socialismo, crença em Deus ou crença na inexistência de Deus, conforme o grupo a que o participante pertencia) ficou mais forte ou mais fraca?

☐ Mais forte.

☐ Mais fraca.

☐ Não sofreu alteração.

c) Ao final da discussão, você a considerou

☐ útil.

☐ inútil.

d) Comparando as pessoas de seu grupo que tinham a mesma posição que você com as que tinham posição oposta, você

☐ as achou mais inteligentes.

☐ as achou menos inteligentes.

☐ não notou diferença.

☐ as achou mais informadas.

☐ as achou menos informadas.

☐ não notou diferença.

☐ as achou mais simpáticas.

☐ as achou menos simpáticas.

☐ não notou diferença.

e) Na discussão foram apresentados argumentos a favor e contra a sua posição inicial. Você se lembra mais dos argumentos apresentados a favor ou contra a sua posição inicial?

☐ Mais dos favoráveis.

☐ Mais dos contrários.

Resultados

A tabela 1 mostra os resultados (fictícios) obtidos.

Tabela 1 – Porcentagens de respostas às variáveis dependentes obtidas nos dois grupos experimentais

Variáveis dependentes	Grupo política	Grupo religião
Discussão mudou atitude?		
Sim	10%	5%
Não	90%	95%
Atitude inicial no final da discussão		
mais forte	85%	95%
mais fraca	0%	0%
sem alteração	15%	5%
A discussão foi		
útil	10%	15%
inútil	90%	85%

Pessoas com posição inicial idêntica são		
mais inteligentes	60%	55%
menos inteligentes	10%	5%
sem diferença	30%	40%
mais informadas	70%	65%
menos informadas	0%	0%
sem diferença	30%	35%
mais simpáticas	75%	70%
menos simpáticas	10%	10%
sem diferença	15%	20%
Lembra-se mais de argumentos favoráveis ou contrários à posição inicial?		
Mais dos favoráveis	95%	95%
Mais dos contrários	5%	5%

Breve discussão

Os resultados desse experimento fictício dão amplo apoio à tese central deste livro. Em ambos os grupos (política e religião) que se envolveram em uma discussão de 30 minutos com metade dos participantes defendendo uma posição e a outra metade, uma posição oposta, uma maioria significativa estatisticamente disse que:

a) a discussão não mudou sua posição inicial;

b) sua atitude em prol de sua posição inicial ficou mais forte após o debate;

c) considerou a discussão inútil;

d) considerou as pessoas com posição igual à sua como sendo
- mais inteligentes
- mais informadas
- mais simpáticas;

e) lembrou-se mais dos argumentos favoráveis à sua posição do que dos desfavoráveis.

Esses resultados mostram como é forte a tendência a reduzir dissonância (letras a, b, c), à busca de harmonia (letra d) e também como nossa memória é seletiva (letra e). Todos esses são fatores mencionados neste livro como capazes de contribuir para a inutilidade das discussões.

Nota a professores e alunos de Psicologia

Obviamente, um experimento com planejamento e análises estatísticas mais complexas seria muito mais elucidativo do que o apresentado neste exemplo fictício simples. Os seguintes melhoramentos, entre outros, deveriam ser feitos:

a) Escalas de medida de atitude para selecionar os participantes pró ou contra os temas em discussão (socialismo/capitalismo e existência ou não de Deus) deveriam ser construídas de forma a permitir que os grupos fossem formados por pessoas com intensidade semelhante de atitude pró ou contra tais objetos de julgamento.

b) O experimento deveria ser precedido de um estudo piloto para que fosse certificado que os participantes se sentem motivados a discutir entre si sobre o tema proposto. Ajustes seriam feitos, caso necessário, antes do experimento definitivo.

c) Ao invés de as variáveis dependentes serem medidas por meio de escala nominal, uma escala intervalar deveria ser construída para cada uma delas. Isso permitiria uma análise estatística mais robusta e elucidativa.

d) O sexo dos participantes deveria ser considerado como variável e, por meio de análise de variância, os efeitos principais de sexo e de tema de discussão, bem como sua interação, poderiam ser determinados de acordo com um planejamento fatorial 2×2.

e) Mais variáveis dependentes poderiam ser adicionadas a fim de verificar a possível influência na discussão de outras tendenciosidades psicológicas a que o livro se refere (p. ex.: tendência à confirmação do julgamento, predomínio da emoção sobre a razão, resistência à persuasão etc.).

Esses e outros melhoramentos resultariam num experimento mais adequado. A intenção deste apêndice foi, simplesmente, mostrar que a tese central deste livro é suscetível de verificação empírica.

Referências

Prefácio

[1] Triandis, H.C. (2009). *Fooling ourselves* – Self-deception in politics, religion, and terrorism. Westport: Praeger.

[2] Pronin, E., Lin, D.Y., & Ross, L. (2002). The bias blind spot: Perspectives of bias in self versus others. *Personality and Social Psychology Bulletin*, *28*, 361-381.

[3] Miller, G. (1969). Psychology as a means of promoting human welfare. *American Psychologist*, *24*, 1063-1075.

Introdução

[1] Festinger, L. (1957). *A theory of cognitive dissonance*. Palo Alto: Stanford University Press.

[2] Dennett, D. (2017, 12 fev.). I begrudge every hour I have to spend worrying about politics. *The Guardian*.

[3] Carpenter, A. (2019). *Gaslighting America*: why we love when Trump lies to us. Nova York: HarperCollins.

[4] Greenwald, A.G. (1980). The totalitarian ego — Fabrication and revision of personal history. *American Psychologist*, 35(7), 603-618.

Capítulo 1

[1] Kessler, G., Rizzo, S., & Kelley, M. (2020, 20 jan.). President Trump made 16,241 false or misleading claims in his first three years. *The Washington Post*.

[2] Hayden, M.V. (2018). *The assault on intelligence*. Nova York: Penguin.

[3] Lee, B. (2017). *The dangerous case of Donald Trump.* Nova York: Thomas Dunne/St. Martin's.

[4] Tump, M. (2020). *Too much and never enough*: How my family created the world's most dangerous man. Nova York: Simon & Schuster.

[5] Trigo, L. (2020, 13 jan.). No país da pós-verdade. *O Globo*.

[6] Fiske, S.T., & Taylor, S.E. (1984). *Social cognition.* Reading: Addison-Wesley.

[7] Triandis, H.C. (2009). *Fooling ourselves* — Self--deception in politics, religion, and terrorism. Westport: Praeger.

[8] *Bíblia Sagrada*. 51. ed. Petrópolis: Vozes, 2012.

[9] Jefferson, T. (1808). *Carta a seu sobrinho T.J. Randolph*.

[10] Thaler, R. (2017). *Quasi Rational Economics*. Nova York: Russell Sage.

Capítulo 2

[1] Rodrigues, A., Assmar, E.M., & Jablonski, B. (2005). Social psychology and the invasion of Iraq. *Revista de Psicología Social*, *20*(3), 387-398.

[2] Woodward, B. (2006). *State of Denial.* Nova York: Simon & Schuster.

[3] Festinger, L. (1957). *A theory of cognitive dissonance.* Palo Alto: Stanford University Press.

[4] Festinger, L., Riecken, H., & Schachter, S. (1986). *When prophecy fails.* Mineápolis: University of Minnesota Press.

[5] Brehm, J., & Cohen, A.R. (1962). *Explorations on cognitive dissonance*. Nova York: Wiley.

[6] Festinger, L., & Carlsmith, S.M. (1959). Cognitive consequences of forced compliance. *Journal of Abnormal and Social Psychology*, *58*, 203-211.

[7] Heider, F. (1958). *The psychology of interpersonal relations*. Nova York: Wiley.

[8] Rodrigues, A. (1966). *The psycho-logic of interpersonal relations* [tese de doutorado]. Library of the University of California, Los Angeles.

[9] Rodrigues, A. (1967). The effects of balance, agreement, and positivity in triadic interpersonal relations. *Journal of personality and social psychology*, 5, 472-476.

[10] Asch, S. (1948). The doctrine of suggestion, prestige, and imitation in social psychology. *Psychological Review*, 55, 250-276.

[11] Greenwald, A.G. (1980). The totalitarian ego – Fabrication and revision of personal history. *American Psychologist*, 90, 603-618.

[12] Zeigarnik, B. (1967). On finished and unfinished tasks. In W.D. Ellis (ed.). *A sourcebook of Gestalt psychology*. Nova York: Humanities.

[13] Rosenzweig, S. (1943). An experimental study of "repression" with special reference to need-persistence and ego-defensive reactions to frustration. *Journal of experimental psychology*, 32, 64-74.

[14] Fiske, S.T., & Taylor, S.E. (1984). *Social cognition*. Reading: Addison-Wesley.

[15] Rosenhan, D.L. (1973). On being sane in insane places. *Science*, 179(1), 250-258.

[16] Rosenthal, R., & Jacobson, L. (1968). *Pygmalion in the classroom*: Teacher expectation and

student intellectual development. Nova York: Holt, Rinehart and Winston.

[17] Triandis, H.C. (2009). *Fooling ourselves* – Self--deception in politics, religion, and terrorism. Westport: Praeger.

[18] Brehm, J. (1966). *A theory of psychological reactance.* Nova York: Academic.

[19] Constanzo, M., Archer, D., Aronson, E., & Pettigrew, T. (1986). Energy conservation behavior: The difficult path from information to action. *American Psychologist, 41*(5), 521-528.

[20] Dickerson, C.A., Thibodeau, R., Aronson, E., & Miller, D. (1992). Using Cognitive Dissonance to Encourage Water Conservation. *Journal of Applied Social Psychology, 22*(11), 841-854.

[21] Varela, J. (1977). Social technology. *American Psychologist, 32,* 914-923.

[22] Tavris, C., & Aronson, E. (2007). *Mistakes were made (but not by me)*. Nova York: Houghton, Mifflin Harcourt.

[23] Trigo, L. (2020, 13 jan.). No país da pós-verdade. *O Globo*.

[24] Western, D. (2003). *Psychology*: Brain, behavior and culture. Amazon Books.

[25] Tavris, C. (2019). Mistakes were made (but not by me). *YouTube*: The Skeptics Society's Distinguished Science Lecture Series.

Capítulo 3

[1] Krugman, P. (2018, 19 fev.). The content of the G.O.P.'s character. *The New York Times*.

[2] Bruni, F. (2018, 6 fev.). Gulp. I'm guilty of treason. *The New York Times*.

[3] Friedman, T. (2018, 18 fev.). Whatever Trump is hiding is hurting all of us now. *The New York Times*.

[4] Brooks, D. (2017, 7 dez.). The G.O.P. is rotting. *The New York Times*.

[5] Klaas, B. (2017). *The despot's apprentice*. Nova York: Hotbooks.

[6] Frum, D. (2018). *Trumpocracy*. Nova York: HarperCollins.

[7] Levitsky, S., & Ziblatt, D. (2018). *How democracies die*. Nova York: Crown.

[8] Johnston, D. (2018). *It's even worse than you think*. Nova York: Simon & Schuster.

[9] Orwell, G. (1949). *Nineteen eighty-four*. Londres: Secker and Warburg.

[10] Vosougui, S., Roy, D., & Aral, S. (2018). The spread of true and false news online. *Science*, *359*, 1146-1151.

[11] McIntyre, L. (2018). *Post-truth*. Cambridge: The MIT Press.

[12] Friedman, T. (2018, 18 fev.). Whatever Trump is hiding is hurting all of us now. *The New York Times*.

[13] Bruni, F. (2018, 6 fev.). Gulp. I'm guilty of treason. *The New York Times*.

[14] Klaas, B. (2017). *The despot's apprentice*. Nova York: Hotbooks.

[15] Kasparov, G. (2020, 6 dez.). I lived in the post-truth Soviet world and I hear it echoes in Trump's America. *The New York Times*.

[16] Greenwald, A.G. (1980). The totalitarian ego. Fabrication and revision of personal history. *American psychologist*, 35, 603-618.

[17] Festinger, L. (1954). A theory of social comparison processes. *Human relations*, 7, 117-140.

[18] Tillerson, R. (2018, 17 mai.). Rex Tillerson's Remarks About Truth and Ethics. *The New York Times*.

[19] Moog, G. (2007). *Desutopias* – Mentiras e mazelas da cultura ocidental. Rio de Janeiro: Nova Razão Cultural.

[20] Rodrigues, A., Assmar, E., & Jablonski, B. (2012). *Psicologia social*. Petrópolis: Vozes.

[21] Pereira, M.E. (2002). *Psicologia social dos estereótipos*. São Paulo: EPU.

Capítulo 4

[1] Levitsky, S., & Ziblatt, D. (2018). *How democracies die*. Nova York: Crown.

Capítulo 5

[1] Mitchell, S. (1988). *Tao Te Ching*. Nova versão inglesa. HarperCollins e-books.

Posfácio

[1] Mills, J. (1979). *Six years with God*. Nova York: A. & W.

[2] Levine, R.V. (2003). *The power of persuasion*. Hoboken: Wiley.

LEIA TAMBÉM:

As representações sociais nas sociedades em mudança

Jorge Correia Jesuíno, Felismina R.P. Mendes e Manuel José Lopes (orgs.)

Nesse livro o leitor encontra um conjunto de textos de autores incontornáveis sobre a temática das representações sociais que, de algum modo, têm procurado dar resposta ao desafio de enquadrarem as suas reflexões nos contextos sociais, econômicos e políticos característicos das sociedades em mudança acelerada – causa e consequência da globalização em curso.

Contempla ainda os desenvolvimentos futuros do paradigma das representações sociais no quadro interdisciplinar de uma psicologia social cada vez mais interdisciplinar.

LEIA TAMBÉM:

Avaliação psicológica

Aspectos teóricos e práticos

Manuela Ramos Caldas Lins e
Juliane Callegaro Borsa
(Organizadoras)

O livro *Avaliação psicológica: aspectos teóricos e práticos* visa discutir questões básicas que permeiam o processo de avaliação psicológica de maneira simples, direta e com linguagem acessível. Foi escrito por renomados autores brasileiros e apresenta informações condizentes com a realidade da área no país, podendo ser usado integralmente em sala de aula, tanto na graduação como na pós-graduação. Com esta obra pretende-se auxiliar psicólogos e estudantes de Psicologia no desenvolvimento das competências e habilidades que caracterizam a formação do profissional que deseja atuar nessa área, minimizando as dúvidas e tornando clara a aplicabilidade da avaliação psicológica em diferentes contextos e campos de inserção.

CATEQUÉTICO PASTORAL

Catequese – Pastoral
Ensino religioso

CULTURAL

Administração – Antropologia – Biografias
Comunicação – Dinâmicas e Jogos
Ecologia e Meio Ambiente – Educação e Pedagogia
Filosofia – História – Letras e Literatura
Obras de referência – Política – Psicologia
Saúde e Nutrição – Serviço Social e Trabalho
Sociologia

TEOLÓGICO ESPIRITUAL

Biografias – Devocionários – Espiritualidade e Mística
Espiritualidade Mariana – Franciscanismo
Autoconhecimento – Liturgia – Obras de referência
Sagrada Escritura e Livros Apócrifos – Teologia

REVISTAS

Concilium – Estudos Bíblicos
Grande Sinal – REB

PRODUTOS SAZONAIS

Folhinha do Sagrado Coração de Jesus
Calendário de mesa do Sagrado Coração de Jesus
Agenda do Sagrado Coração de Jesus
Almanaque Santo Antônio – Agendinha
Diário Vozes – Meditações para o dia a dia
Encontro diário com Deus
Guia Litúrgico

VOZES NOBILIS

Uma linha editorial especial, com importantes autores, alto valor agregado e qualidade superior.

VOZES DE BOLSO

Obras clássicas de Ciências Humanas em formato de bolso.

CADASTRE-SE
www.vozes.com.br

EDITORA VOZES LTDA.
Rua Frei Luís, 100 – Centro – Cep 25689-900 – Petrópolis, RJ
Tel.: (24) 2233-9000 – Fax: (24) 2231-4676 – E-mail: vendas@vozes.com.br

UNIDADES NO BRASIL: Belo Horizonte, MG – Brasília, DF – Campinas, SP – Cuiabá, MT
Curitiba, PR – Fortaleza, CE – Goiânia, GO – Juiz de Fora, MG
Manaus, AM – Petrópolis, RJ – Porto Alegre, RS – Recife, PE – Rio de Janeiro, RJ
Salvador, BA – São Paulo, SP